미래를 여는
18가지 대안적 실험

미래를 여는
18가지 대안적 실험

초판 인쇄 2013년 9월 1일
초판 발행 2013년 9월 10일

지은이 장병윤
디자인 이근호

펴낸곳 옐로스톤
출판 등록 2008년 3월 19일 제396-2008-00030
주소 (121-838) 서울시 마포구 동교동 150-11 백초빌딩 4층
전화 02-323-8851 팩스 031-911-4638 이메일 dyitte@gmail.com

ISBN 978-89-968228-4-4 03330
값 13,000원

이 책은 2012년 문화예술분야연구창작활동지원사업의 지원금으로 발간했습니다.

미래를 여는 18가지 대안적 실험

장병윤 지음

옐로스톤

차 례

　대안은 제대로 된 현실 인식 위에서 가능하다. 우리가 현실의 문제를 직시할 때 비로소 그를 극복하고 개선할 힘을 얻을 수 있다. 오늘 우리의 삶과 우리가 뿌리 내린 세계를 정확하게 진단하는 일이 중요한 것도 그 때문이다. 누군가는 이미 우리 시대의 종말이 시작됐다고 한다. 눈앞에 펼쳐지는 심상치 않은 현상들은 우리가 처한 위기의 본질을 웅변적으로 보여주고 있다.

　제한적인 자원과 무한성장 욕구 사이의 괴리가 현실화되면서 인류사회는 막다른 벼랑으로 내몰리고 있다. 산업화 이후 불과 2세기 남짓한 짧은 기간 동안 이룬 눈부신 물질문명의 성과는 이제 축복이 아니라 재앙의 전주가 되고 말았다. 사람보다 돈이 우선하는 거대한 자본주의 문명의 체계는 그것을 만들어낸 인간을 한낱 부속품으로 전락시키며 파편화시키고 있다.

　지난 세기 전 지구적으로 자행된 무모한 개발과 과도한 소비는 지구생태계에 치명상을 입혔다. 인간의 탐욕이 스스로의 삶터를 결딴낸 셈이다. 북극 빙해는 녹아 이상기후를 부채질하고 아마존의 열대우림은 더 이상 인류에게 산소 공급원이 되기를 거부한다. 예측을 뛰어넘은 지구온난화의 속도는 일상을 시시각각으로 위협한다. 이 여름 우리가 맞닥뜨린 유례없는 폭염과 홍수, 지구촌 도처에서 일어나는 말세적 재앙은 인간의 무모한 욕망에 대한 자연의 경고이자 역습이다.

　자연생태의 붕괴만큼이나 심각한 것은 뒤틀린 인간의 욕망이 부른 성장에 대한 헛된 믿음이다. 무한성장의 빗나간 욕망은 스스로를 경쟁체제 속으로 내몰며 인간의 존엄과 인류의 공동선을 내팽개쳤다. 자신의 삶을 위해 이웃을 짓밟아야 하는 극단적 경쟁구조는 인류사회를 갈등과 분열의 질곡으로 빠뜨리고 있다. 한쪽의 풍요와 행복이 다른 쪽의 가난과 불행이 되는 이 추악한 구조는 저주받아 마땅하다. 기득권에 부화뇌동한 채 공익적 기능을 망각하고 불평등과 탐욕을 조장하는 국가체계는 더욱 절망적이다.

물신이 만든 무한성장의 우상을 깨뜨리지 못하고는 결코 희망을 발견할 수도 행복해질 수도 없다. 지금 우리에게 대안은 과도한 욕망을 내려놓는 일에서 시작돼야 한다. 공동체의 평화를 깨뜨리고 개인의 주체성을 억누르는 '자본주의 문명의 폭주'로부터 내려설 때 우리는 위기를 넘는 대안을 모색할 수 있다. 인간과 인간의 관계, 인간과 자연의 관계를 회복해 조화를 이루는 일은 우리가 욕망을 온전히 비워낼 때 가능하다.

그동안 다양한 대안의 현장을 찾아 새로운 가능성을 엿봤다. 생태적 삶의 가치와 공생공락을 꿈꾸는 이들이 존재하는 한 우리에게 희망은 남아 있다. 물론 그 희망의 씨앗이 세상에 뿌리를 내리는 일은 녹록하지 않다. 여전히 세상은 애써 위기를 외면한 채 '새로운 꿈'을 홀대하고 배척한다. 하지만 우리는 쉽게 내일을 포기해서는 안 된다. 스스로의 삶을 되돌아보는 근원적 성찰을 통해 결정적 회심을 해야 한다. 그것이야말로 우리의 유일한 대안이자 희망이다.

2013년 한여름 일찍이 겪어본 적 없는 폭염 속에서 장병윤

1. 근원적 삶의 혁신 이끄는 '귀농 전도사'

● 이병철 전 이사장

함안군 산인면 입곡리 숲안마을. '귀농 전도사' 이병철 전 전국귀농운동본부 이사장이 4년 전 둥지를 튼 곳이다. 그가 이곳에 터를 잡은 것은 순전히 마을 이름 때문이다. 자연이 배태한 '숲안'과 사람이 사는 '마을'이 함께하는 따뜻한 공간, 생태적 삶터란 느낌이 그의 마음을 사로잡았다고 한다. 만나는 사람마다 귀농을 부추겼지만 정작 스스로는 돌아가지 못했던 그의 오랜 방황(?)이 마침표를 찍은 것이다.

그는 지금 숲안마을에서 햇살과 바람, 벼 등 온갖 곡식과 주위의 뭇 생명을 모시고 산다. 이현주 목사가 지었다는 '숲마루재'라는 당호를 가진 그의 거처엔 살림의 기운이 넘친다. 서재 벽엔 그가 스승으로 모셨던 무위당 장일순 선생이 쓴 '오불여노농(吾不如老農)'이란 글이 걸려, 고졸(古拙)한 분위기를 풍기며 대화를 더욱 훈훈하게 했다. 하늘과 땅을 공경하고 만물을 함부로 대하지 않으며 순리에 따라 사는 늙은 농부에 미치지 못함을 이야기한 공자의 안분(安分)의 말씀이다. 그는 지금 여기에서 성인의 말씀을 경구 삼아 스스로를 낮추며 제대로 된 농사를 짓기 위해 나날이 정진하고 있다.

지난 10여 년 치열하게 펼쳐오던 귀농운동 일선에서 물러나셨다고 들었습니다. 직접 농사를 지으며 사는 재미가 어떤지요?

: 농사랄 것도 없지요, 텃밭 수준입니다. 제 식구와 저를 찾아오는 이들이 먹을 만큼만 짓고 있습니다. '숲안'이란 이름에 혹해 9년 전부터 이곳에 들락거리다가 4년 전에 집을 짓고 뿌리를 내렸습니다. 지난 3월엔 귀농운동본부 이사장직을 물러났습니다. 이곳에 정착하면서 개인적으로 지난 수십 년간 해온 '운동'에 대해 되돌아보고 있습니다. 지금은 사회적 변화를 추구하는 일보다는 제 스스로의 성찰, 내면적 변화에 관심이 머물러 있습니다.

사회를 변혁하는 일에 앞서 개인적 성찰이나 자각이 중요하다는 말씀으로 들리는데요.

: 개인의 존재에 대한 자각 없이는 사회를 변화시킬 수 없습니다. 그런데 대부분의 사람들은 자신과 세상은 분리돼 있다고 생각합니다. 세상은 내가 투영된 결과입니다. 따라서 내가 먼저 바뀌지

않고는 세상을 바꿀 수 없습니다. 운동하는 사람들이 갈수록 피폐해지는 것은 세상에 요구만 하고 비판만 하지 정작 자신의 변화는 외면하기 때문입니다. 내가 건강해야 세상이 건강해진다는 것을 알아야 합니다. 자신부터 돌아볼 수 있어야 합니다.

그런 점에서 귀농운동이 갖는 의미는 매우 클 것 같습니다. 귀농운동은 자신의 삶을 근본적으로 혁신하는 일에서부터 시작되는 것 아닙니까?

: 단순히 농촌으로 돌아가는 것이 귀농이 아닙니다. 자신의 삶을 송두리째 바꾸는 일입니다. 경제적인 잣대로서는 도저히 이해되지 않는 게 귀농입니다. 토지와 경험을 가진 농민들조차 벼랑 끝으로 내몰리는 현실 속에서 귀농은 논리적으로 성립할 수 없습니다. 귀농은 행복에 대한 새로운 가치의 기준을 세우는 데서 출발해야 합니다. 자연과 흙에서 분리된 도시적 삶은 근원적으로 인간을 불행하게 만듭니다. 경쟁적이고 소모적인 도시인의 삶이 얼마나 파괴적인가를 확인할 때 귀농이 대안적 삶이 될 수 있는 것이지요. 돈벌이보다, 편리함과 풍족함보다 더욱 중요한 게 있다는 걸 깨닫는 게 귀농의 첫 걸음입니다.

선생님께서 말씀하시는 귀농은 생태적 삶에 대한 근원적 자각이 전제돼야 가능하다는 것이지요.

: 근본적인 자기성찰은 바로 생태적 각성입니다. 농촌이 병들

고 황폐해진 것은 공업중심, 도시중심의 현대문명과 가치관 때문입니다. 현대문명은 필연적으로 생명의 근거를 파괴할 수밖에 없습니다. 이제는 농업을 되살림으로써 생태순환에 바탕을 둔 지속가능한 '농적(農的) 문명'을 일구어야 합니다. 물질적으로는 불편하지만 정신적으로는 충만한 행복감을 느낄 수 있는 것이 흙과 더불어 사는 삶입니다. 인간은 자연과 분리되어서는 내면의 평화를 실현할 수 없습니다. 존재론적 각성을 통해 정말 행복한 삶이 자연과 더불어 사는 삶이란 것을 깨우치는 것이 중요합니다.

전국귀농운동본부가 출범한 지 10년이 훌쩍 넘어섰습니다. 귀농운동을 조직화한 데에는 당시의 사회적 분위기가 작용했을 것으로 생각됩니다.

: 귀농운동본부는 IMF 직전이던 1996년에 출범했습니다. 산업화에 밀려난 우리 농촌은 피폐해질 대로 피폐해졌습니다. 세상의 뿌리인 농촌이 무너지면 모든 것이 무너질 수밖에 없습니다, '제2의 브나로드운동'이 필요하다고 본 것이지요. 200만 젊은이들을 농촌으로 돌아가게 하자, 병든 땅을 살리고 농촌을 살리자는 원대한 꿈으로 첫발을 내디뎠습니다. 한편으로는 도시의 젊은이들을 살리기 위해서도 귀농운동이 절실하다고 생각했습니다. 젊음의 에너지와 열기를 오로지 돈 버는 일에 투자하는 것은 사회를 병들게 합니다. 과거에는 젊은이들이 어려운 가운데서도 이상과 꿈을 좇았는데, 어느 순간부터 쓸모없는 것이 돼버렸습니다. 역설적으로

1987년 우리가 이뤄낸 민주화가 이상과 꿈을 잃어버리게 했는지
도 모릅니다.

**귀농운동본부는 우리 사회에서 귀농운동의 견인차 역할을 하고
있습니다. 그동안 이룩한 성과에 대해서 말씀해 주십시오.**

: 귀농자의 정착 확률을 높이는 역할을 했습니다. 12년간 3500
여 명이 저희 귀농학교를 수료했고, 그중 600~700명이 농촌현장
으로 들어갔습니다. 비록 숫자는 많지 않지만 그들의 귀농이 갖는
의미는 매우 큽니다. 어려운 여건 속에서도 90% 이상이 땅과 더불
어 버텨냅니다. 그들이 삶의 가치를 전환했기 때문에 가능한 것입
니다. 일반 귀농의 경우 70%가량이 다시 도시로 회귀합니다.

**최근에는 귀농운동본부가 도시농업운동에도 상당한 관심을 기울
이는 것으로 알고 있습니다.**

: 2003년부터는 주요사업의 하나로 도시농업운동을 펼쳤습니
다. '도시를 경작하자!'라는 슬로건으로 시작했지요. 도시농업운동
은 전환기적 단계로, 도시라는 삶의 자리에서 농적 체험을 해보자
는 것이죠. 생태·생명과의 연결고리를 마련한다는 차원입니다. 러
시아에선 다차, 일본이나 유럽의 경우 텃밭 가꾸기를 통해 도시인
들이 경작 기회를 갖습니다. 흙을 만지면서 자연에 대한 본능을 회
복시킵니다. 흙이 우리 속에 내재돼 있는 자연 본능을 일깨우는 것
입니다. 옥상이나 아파트 베란다에서라도 작은 생명의 공간을 마

런하는 것이 중요합니다. 토마토 한 포기, 상추 한 닢에서도 자연의 의미를 발견할 수 있습니다. 그게 생태적 감각, 생태적 지혜를 키우는 길입니다. 시민단체나 직장 단위에서도 '내 땅 한 평 가꾸기' 운동이 절실합니다.

귀농학교 교육은 농사 기술보다도 귀농의 당위성에 대해 더 많은 비중을 두고 있는 것으로 알고 있습니다만……

: 왜 귀농하는가, 무엇 때문에 귀농이 필요한가를 자각하고 인식할 수 있도록 하는 데 교육의 주안점을 둡니다. 귀농 희망자에게 왜 귀농하려고 하느냐, 귀농하지 않을 수 없는 열 가지 이상의 이유를 찾지 않고서는 귀농해서는 안 된다는 이야길 합니다. 귀농은 대안적(代案的) 삶의 추구입니다. 대안은 현상에 대한 반작용이 아닙니다. 대증요법으로는 근본적인 치유가 불가능합니다. 어떤 운동이든 간에 이 시대가 안고 있는 문명의 모순에 대한 근본적 성찰이 없이는 의미가 없습니다. 삶에 대한 근원적인 성찰 없이는 우리 앞에 펼쳐진 위기를 넘어설 수 없습니다.

귀농운동의 절실함 이면에는 문명사적 위기가 도사리고 있다는 말씀이지요. 물질을 향한 인간의 탐욕이 오늘 전 지구적 생태 위기를 불러 온 것이라고 볼 수 있겠군요.

: 분명 지구 차원의 문명위기입니다. 인간 스스로가 만들어낸 위기이죠. 지금까지 지구는 다섯 차례의 대멸종을 겪었습니다. 그

런데 '제6의 멸종'은 인간이라는 하나의 종에 의해 지구상의 모든 생명종이 위기에 처하게 되었다는 게 이전의 대멸종과 다릅니다. 과거에는 외부적 요인에서 비롯되었지만 지금은 인간의 탐욕이 부른 위기라는 것입니다. 문제는 이런 심각한 위기를 인간이 외면하고 있다는 데 있습니다. 어떻게 하면 더 많이 가질 수 있을까, 더 편리해질 수 있을까에 대한 생각이 인간의 일상을 지배하고 있습니다. 가질수록 부족하기만 한 상태, 무한욕망이 인간의 가치를 왜곡시켜 놓은 겁니다. 이제 위기를 깨닫고, 어떻게 위기를 극복할 것인가 대해 고민하고, 위기를 타개하기 위해 모든 에너지를 모아야 합니다.

평소 씀씀이를 줄이는 길이 인간이 살 수 있는 유일한 길임을 깨닫는 개인적인 각성이 절실하다고 말씀이군요.

: 개인에서 시작해 집단적으로, 모든 인류의 각성이 필요합니다. 적게 소유하고 단순한 삶을 사는 것이 중요합니다. 내가 적게 소모할 때 이웃이 살 수 있는 여지가 생기는 법입니다. 적게 소유할수록 삶이 풍요해집니다. 물질적 풍요에 대한 강박을 놓을 때 자연의 풍요로움을 얻을 수 있다는 거죠. 경쟁체제 아래서는 물질적 풍요를 위해 삶의 모든 것을 내던질 수밖에 없습니다. 이제 풍요의 기준을 바꿔야 합니다. 물질을 넘어서 정신적인 풍요로움으로 이행할 수 있어야 합니다. 그게 바로 행복해지는 방법입니다.

회색 빛깔의 공간에서 정신없이 살아가는 도시인들에게 귀농은 꿈이기도 합니다. 과연 우리에게 귀농은 무엇인지요?

: 농업경제연구소가 성인들을 대상으로 한 설문에서 60% 이상이 기회가 주어지면 농촌으로 돌아가겠다고 답했습니다. 그만큼 도시의 삶이 절박하다는 것이지요. 넉넉한 전원생활, 소비적인 전원생활을 염두에 둔 경우가 대부분이겠지만요. 도시에서 피폐해진 심신을 추스르기 위해서 노후에 전원생활을 하려는 이들이 갈수록 늘어납니다. 최근 들어서는 지자체들도 인구 유입을 위해 귀농정책을 활발하게 펼칩니다. 앞으로 2~3년 안에 대규모적인 귀농이 일어나지 않을까 생각합니다. 인류사회에 닥친 환경과 생태적 위기가 심각하다는 반증이기도 합니다. 위기가 각성의 계기가 되는 겁니다.

오늘 우리에게 닥친 여러 위기 중 식량 문제는 어떤 것보다 심각합니다. 그것은 역설적으로 농촌을 되살려야 하는 이유가 되고요.

: 최근 들어 세계적인 식량파동과 에너지의 위기를 맞고 있습니다. 우리의 경우 식량 위기가 피부로 느껴지지 않습니다만, 에너지 위기보다 더 먼저 올 것입니다. 기후온난화는 식량 위기를 필연적으로 부릅니다. 앞으로 4~5년 안에 전 지구적 식량 위기가 올 것이라는 예상은 이미 일반화되었습니다. 하지만 사람들은 그것을 전혀 인식하지도 않고 인정하려고도 하지 않습니다. 오늘 북한의 식량 위기가 내일은 우리의 문제가 될 것입니다. 기아사태에 직면

하면 곳곳에서 내전(內戰)이 일어나는 등 세계가 전란에 휩싸일 수
도 있습니다.

생태적 농업의 회복을 위해서는 공동체적 작업이 매우 중요하리
라 생각됩니다. 물론 한계도 있을 것이고요.

: 귀농을 통한 생태적 공동체를 만드는 게 중요합니다. 집 짓
기, 옷 만들기, 농사까지 모든 생활이 생태적으로 이뤄져야 합니
다. 지금 곳곳에서 생태농업, 생태공동체에 대한 다양한 실험이 전
개되고 있습니다. 전북 무주 진도리에는 허병섭 목사가 들어가 대
안농촌을 일구고 있고, 전북 남원 산내면에서는 실상사를 중심으
로 한 100여 가구가 작은 학교와 함께 새로운 모델을 만들고 있습
니다. 충남 홍성에는 풀무학교를 중심으로 한 공동체가 오랜 역사
속에서 모범적인 대안농촌을 꾸리고 있습니다. 그 밖에도 충북 괴
산, 경북 상주, 전북 진안 등 여러 곳에서 꾸준한 움직임이 있습니
다. 하지만 생태공동체에 대한 역사적 경험이 짧은 데다 농업생산
의 자립적 기반을 방해하는 신자유주의체제 아래 놓여 있다는 게
한계입니다.

귀농 현장의 대안농업으로 유기소농(有機小農)이 바람직하겠지
요. 유럽에선 광우병사태 이후 가족 중심의 유기농으로 전환하고
있다고 들었습니다.

: 이명박정부는 농촌을 기업화하려 하고 있습니다. 심지어는

성공한 기업 CEO를 농촌에 보내겠다는 어처구니없는 발상까지 합니다. 농촌을 '쌀 공장'으로 보는 천박한 자본의 논리에서 벗어나지 못하고 있는 것이죠. 과거 YS정권 때 농촌에 엄청난 돈을 들여 농업의 경쟁력 높이기를 도모했지만 실패로 끝났습니다. 몇몇 특정인들의 배나 불리고 농촌의 건강한 자생력마저 죽여 버렸습니다. 지속 가능한 농업, 농촌을 위해서는 가족 중심의 유기농이 유일한 대안입니다. 유기소농은 비단 곡물 생산에만 해당되는 것이 아닙니다. 축산도 유기농으로 전환돼야 합니다. 미국산 쇠고기의 폐해가 웅변적으로 보여주고 있지 않습니까. 동물사료를 주는 공장식 축산은 이미 농업이 아닙니다. 유기농은 생태적 순환이 가능할 때 가능합니다.

모든 변화의 근본에는 생명성 회복이 전제돼야 한다고 말씀하셨는데요. 마지막으로 생명 문화의 회복을 위해 한 말씀 해주시죠.

: 자신의 존재에 대한 새로운 자각이 필요합니다. 내가 발 딛고 숨 쉬고 생활하는 천지만물은 우주와 자연의 산물이라는 것을 깨우쳐야 합니다. 내가 만나는 것과 내가 대하는 것에 대한 감사, 존재에 대한 고마움을 받아 모시는 나의 소중함 또한 자각해야 합니다. 나 스스로가 소중할 때, 감사하는 마음을 가지고 자신과 세상을 바라볼 때 세상이 바뀔 수 있습니다. 세상과 존재를, 생명을 함부로 하는 데서 문명의 위기가 온 것 아닙니까. 물질적 풍요 속에서 우리의 몸과 마음은 오히려 황폐해졌습니다. 고마움과 사랑을

회복하는 것이 우선돼야 합니다. 덜 소비하고 덜 파괴하고 자기 자신을 돌아보는 것이 중요합니다. 현상과 본질을 함께 보려는 노력을 기울이십시오. 보이지 않는다고 해서 본질을 외면하거나 배척해서는 안 됩니다. 미래와 내세의 평화보다 현실 속의 작은 평화를 추구하는 게 중요합니다. 지금 여기서 우리가 어떻게 사는 것이 행복하고 건강하게 살 수 있는 것인가를 진지하게 생각해 봐야 할 때입니다.

대담을 마친 그는 사흘간 지리산에서 열리는 생명평화결사 여름 모임에 참석하려 발걸음을 재촉했다. 그는 생명평화결사의 운영위원장을 맡고 있고, 개인적으로 15~20명의 도반과 함께 물처럼생명평화학교를 숲마루재에서 한 달에 한 번씩 연다. 여기에서는 책 읽기, 기도하기, 미워하지 않기 등 밝은 에너지를 얻기 위해 애쓴다. 모든 미움을 내려놓고 희망과 구원을 기도한다. 마음의 평화를 짓기 위한 간절한 심중은 그의 시 〈남은 날을 위한 기도〉에 잘 나타나 있다.

'사랑이신 이여 / 제가 보는 모든 것에서 당신의 사랑과 축복을 보게 하소서 / 저를 향한 삿대질에서도 당신의 그 사랑을 읽고 감사하게 하소서 // 제가 듣는 모든 것에서 당신의 사랑과 축복을 듣게 하소서 / 저를 향한 비난 속에서도 당신의 그 음성을 듣고 감사하게 하소서 // 제가 대하는 모든 것에서 당신의 사랑과 축복을 느끼게 하소서 / 저를 향한 돌팔매질 속에서도 당신의 그 손길을 느끼고 감사하게 하소서 // 사랑이신 이여 / 아직은 분별과 간택에 붙잡혀 / 날마다 생각으로, 말로, 행위로, 짓는 허물이 커서 / 참회와 용서를 청하지 않을 수 없으나 / 제게 남은 날들의 마지막 기도는 / 고맙습니다 / 사랑합니다 / 이 두 마디뿐이게 하소서 // 사랑이신 이여 / 그리하여 지난 삶에서 제가 기억했던 그 숱한 말들을 다 잊게 하시고 / 다만 고맙고 사랑한다는 그 말만을 기억하게 하소서 // 사랑이신 이여 / 제게 남은 날들이 / 제가 보는 모든 것을 통하여 / 제가 듣는 모든 것을 통하여 / 제가 만나는 모든 존재들을 통하여 / 저도 당신의 그 옹근 사랑과 축복을 함께 나누는 자이게 하소서 // 사랑이신 이여 / 저를 빚으시고 제 안에 계시며 / 저를 통해 드러나시는 이여 / 고맙습니다 / 사랑합니다'.

*2008년 겨우 2000가구에 턱걸이했던 귀농 인구가 2009년 4080가구, 2010년 4067가구로 4000가구를 넘기더니 폭발적 증가 추세를 보이고 있다. 2011년에는 1만75가구(1만7464명)로 한해 새 무려 158%나 늘어났고, 2012년에는 1만1220가구(1만9659명)나 됐다. 귀농 인구의 급격한 증가는 베이비붐 세대의 은퇴, 다양한 삶의 가치 추구 등 요인이 작용한 것으로 당분간 러시가 지속될 것으로 보인다. 귀농가구주 역시 직장 은퇴 연령인 50대가 38.3%로 압도적으로 많았다. 귀촌 인구도 해마다 늘어 2012년에는 1만5788가구(2만7665명)

에 이른다. 귀농·귀촌 사유로 71.1%가 "도시의 경
쟁적인 삶을 떠나 여유로운 삶을 찾기 위해"를 꼽
았고, 생계수단으로 농업에 종사하겠다는 응답은
15.5%였다.

2. '음식문맹' 벗어나기
슬로푸드 운동

● 김종덕 교수

우리에게 밥은 무엇인가. 자동차에 넣는 기름처럼 육신을 움직이기 위한 연료일 뿐인가. 밥을 에너지로만 생각하는 현대인들이 간과하고 있는 것이 있다. 밥이 바로 우리의 몸이자 정신이라는 것을. 밥은 우리 몸속으로 들어와 살이 되고 피가 되고, 그가 이룬 거푸집에서 생각과 감성이 나온다. 따라서 밥은 우리의 육신이자 사상이기도 하다.

조상들은 밥을 우주라고 했다. 밥 한 그릇 안에 온 우주가 다 들어 있다는 말이다. 햇볕과 비, 바람이 스며들고 농부가 흘린 땀이 배어 있다는 것이다. 밥을 알면 세상의 이치를 안다고 했던 조상들에게는 아침저녁으로 마주하는 밥상이 예사롭지 않았다. 밥의 위기 속에 국내 처음으로 슬로푸드 운동을 소개하고 그로부터 해법을 찾고 있는 경남대 심리사회학부 김종덕 교수를 만났다.

최근 미국산 쇠고기 문제로 온 나라가 홍역을 치르고 있습니다. 바깥에선 곡물파동으로 몸살을 앓고 있고요. 먹을거리 문제가 이렇게 심각하게 나타난 적이 없었던 것 같은데요.

: 현재 우리의 상황은 한마디로 '먹을거리 비상사태'입니다. 양적이나 질적인 측면에서 다 그렇습니다. 우선 곡물의 해외 의존도가 너무 높고, 패스트푸드 등 글로벌식품도 안전성 문제에 직면해 있습니다. 현재 우리의 식량자급률은 26%에 그쳐 외환위기와 같은 상황이 다시 도래하면 절망적인 상태로 빠질 수밖에 없습니다. 또 식습관의 변화가 불러온 비만, 성인병, 아토피 등이 국민건강을 악화시키고, 환경적인 면에서도 부정적 영향을 끼치고 있습니다.

정부나 국민들이 식량 문제에 대해서 제대로 인식하고 있지 못하는 게 더 큰 문제인 것 같습니다.

: 먼저 국가가 먹을거리 문제에 대해 적극적으로 대처해야 합니다. 미국과의 쇠고기협상에서 볼 수 있듯이 우리 정부의 먹을거리에 대한 인식은 매우 낮은 수준입니다. 먹을거리는 늘 정책의 우선순위에서 밀려나 있습니다. 모든 정책에 경제적 잣대만 들이대는데 식량 문제에 대해서는 그렇게 하면 안 됩니다. 국민의 생존과 건강 문제가 직결돼 있기 때문입니다. 그래서 스위스 같은 나라는

농업 문제를 경제정책이 아니라 사회정책의 범주로 다루고 있습니다. 우리 국민들도 먹을거리 문제에 대해 무관심한 편입니다. 음식이 가장 중요함에도 이를 인식하고 실천하는 사람들은 많지가 않습니다. 신자유주의시대를 살아가는 우리가 음식을 먹는 모습을 한 번 생각해 보세요. 이게 제대로 된 식생활입니까. 음식을 먹을 시간조차 없어 길거리에서 한 끼를 허겁지겁 때우는 일이 허다하고, 인스턴트식품이 판을 칩니다. 그러는 가운데 오랜 세월 축적해 온 요리 기술조차 잊어버리고 있는 것이 현실입니다.

한미 FTA는 기정사실화됐습니다. 정부는 FTA만 성사되면 경제 문제가 저절로 풀릴 것이라고 선전하고 있는데, 그것은 우리의 농업을 벼랑 끝으로 모는 것이기도 합니다. 먹을거리 문제에 대해서 정치권의 성찰이 필요할 것 아닙니까?

: 먹을거리 문제가 정치의 핵심 사항임에도 불구하고, 우리나라 정치인들은 먹을거리 문제를 중시하지 않고 있습니다. 지금 먹을거리와 관련된 여건이 아주 좋지 않습니다. 지구온난화와 지속적 인구 증가가 세계 식량에 대한 전망을 어둡게 합니다. 앞으로 중국과 인도의 육류 소비 증가에 따른 곡물 수요도 엄청날 겁니다. 여기에다 최근 곡물파동 때 일부 국가가 수출을 통제하는 등 식량 무기화의 한 단면을 보여줬습니다. 또 투기자본이 개입해 식량가격이 천정부지로 올랐습니다. 우리 정치인들은 이런 현실에 대한 인식이 부족합니다. 좀 더 심각한 식량파동이 오면 우리처럼 자급

률이 낮은 경우 치명적이 될 수 있다는 사실을 몰라요. 정책 입안
자부터 '식량이 가장 우선'이라는 인식을 해야 할 때입니다.

**식량주권(食糧主權)에 대한 경각심을 가져야 한다는 말씀인데, 정
말 시급한 문제라 생각됩니다.**

: 현대사회에서 식량의 완전자급은 불가능한 일입니다. 100%
자급은 못해도 국민의 기본적인 삶을 위해 식량정책은 외부요인
에 휘둘리지 말고 스스로 결정할 수 있어야 합니다. 농업정책을 입
안하든, 한미 FTA를 하든 식량주권에 입각해서 결정해야 한다는
겁니다. 단순히 돈이 되고 안 되고를 따지는 잣대를 식량 문제에
갖다 대서는 안 됩니다.

**어떤 가치보다 돈이 우선시되는 시대적 풍토가 음식의 상품화를
부채질하고 음식 문화를 변질시키고 있습니다.**

: 음식은 상품 이상입니다. 하지만 음식이 상품화되면서 사람
들이 음식에 대해 성찰할 수 있는 기회를 잃어버렸습니다. 식품산
업은 소비자의 건강보다 이윤을 먼저 생각합니다. 소비자들이 식
품에 대해, 먹을거리에 대해 진지하게 생각하지 못하도록 하고 있
습니다. 미국에는 먹을거리비방법이라는 것이 있습니다. 먹을거리
를 문제 삼으면 식품산업에 의해 형사, 민사적으로 문제가 될 수
있습니다. 음식이 상품이 되면서 돈이 없으면 음식에 접근할 수 없
는 구조가 되었습니다.

이런 가운데 '음식문맹자'에서 '음식시민'으로 거듭나야 한다는 교수님의 지론이 더욱 절실한 것 같군요.

: 사실 현대인들 대부분이 음식이 중요하다는 것을 망각하고 있고, 음식에 대한 지식을 가지고 있지 못하다는 점에서 음식문맹자라고 할 수 있습니다. 음식문맹자에서 먹을거리 문제를 주체적으로 인식하는 음식시민으로 거듭날 때 먹을거리 문제를 본질적으로 해결할 수 있습니다. 음식에 대한 제대로 된, 올바른 인식이 먹을거리 문제를 해결할 수 있는 첫걸음입니다.

먹을거리의 위기는 어제오늘 일이 아닌데도 전혀 개선되지 않고 갈수록 심화되고 있습니다. 슬로푸드 운동은 이미 오래전에 음식의 문제를 경고했습니다.

: 슬로푸드 운동은 1986년 이탈리아에서 출발했습니다. 로마의 중심인 스페인 광장에 맥도날드 매장이 들어오는 것을 반대하면서 시작됐습니다. 풍부한 전통과 문화가 스며들어 있는 이탈리아 음식문화에 미국의 천박한 패스트푸드가 들어오는 것을 용납하지 못하겠다는 것이었죠. 비단 음식의 문제뿐만 아니라 저급한 미국 문화, 저임금, 세븐일레븐식의 장시간 노동, 노동조합을 부정하는 것 등에 대한 거부였습니다. 질 좋은 삶을 망치는 미국 자본주의에 대한 저항이었다고 볼 수 있겠죠.

몇 해 지나서 그 유명한 슬로푸드 선언문이 세상에 나왔지요.

: 1989년 발표된 슬로푸드 선언은 슬로푸드 슬로라이프를 표방합니다. 슬로푸드 운동은 자본주의에서 강조하는 효율성을 위한 속도 증대에 반대합니다. 당시 유럽의 광우병 사태도 결국은 속도만능이 가져온 폐해였죠. 짧은 시간 안에 높은 성과를 올리려다 보니 초식동물인 소에게 동물사료를 먹였고, 끝내 동족을 먹은 소가 발광을 한 것이지요. 인간이 속도에 매몰되어 자연의 법칙을 어겼고, 그 결과 먹을거리가 문제가 된 겁니다. 음식의 상품화가 불러온 극단적인 폐해입니다. 슬로푸드 선언은 속도와 효율성 만능주의에 대한 성찰로부터 나왔습니다.

미국의 경우 거대자본이 소위 '고기 공장'을 운영합니다. 이윤을 남기기만 한다면 광우병에 걸리든 말든 신경을 쓰지 않는 게 자본입니다. 유럽에서는 광우병사태 이후 유기소농 쪽으로 눈길을 돌리고 있다고 하던데요.

: 유럽에서는 광우병이 발생한 후 공장식 사육에 대한 반성이 있었고, 그것은 소 등을 방목과 자연사료를 통해 키우는 움직임으로 나타났습니다. 또 유기농 축산과 유기농 경종(耕種)이 결합된 유기농업의 발전을 가져왔습니다. EU의 공동 농업정책(CAP)이 유럽 농업정책의 기본 틀입니다. 하지만 슬로푸드 운동은 그것도 반대합니다. 광역농업보다는 지역농업이 농업의 특성상 맞고, 먹을거리 문제를 해결하는 데 유리하다고 봅니다. 지역의 제철음식이 음식의 안전성을 담보하고 농촌을 살릴 수 있고요.

한마디로 신토불이(身土不二) 개념이군요. 이 밖에 슬로푸드 운동에서 역점을 두는 것은 어떤 게 있나요?

: GMO(유전자조작농산물)를 반대하고, 종다양성(種多樣性)을 옹호하는 '방주 프로그램'을 시행하고 있습니다. 무엇보다 전통적인 소농의 문화, 지식, 생활방식 등을 존중하고 보존하기 위해 애씁니다. 따라서 슬로푸드 운동은 단순히 음식운동이 아니라 정치의식, 주민자치 운동까지 포괄합니다. 슬로푸드 운동이 추구하는 바는 좋은 음식을 먹자는 것이라기보다는 좋은 음식의 기반을 보호하고 육성하자는 데 있습니다.

급격히 육식문화로 바뀌고 있는 우리나라의 경우 슬로푸드 운동이 더욱 필요할 것 같은데요.

: 그렇습니다. 우리나라는 압축적 경제성장을 하는 과정에서 음식문화의 왜곡도 심각하게 일어났습니다. 원래 우리나라 음식은 슬로푸드 그 자체입니다. 우리만큼 발효식품을 잘 발전시킨 나라도 없습니다. 하지만 산업화과정에서 많은 슬로푸드가 자취를 감추고, 패스트푸드가 우리의 식단을 지배하고 있습니다. 우리는 세계 최고의 라면 소비국이 되었습니다. 우리의 훌륭한 전통음식을 복원하고 발전시키기 위해서라도 슬로푸드 운동이 필요합니다.

MSG(글루탐산나트륨, 즉 화학조미료) 등 식품첨가물도 심각한 문제 아닙니까? 슬로푸드 운동에서는 미각(味覺)교육도 매우 중

요시하지요?

: 슬로푸드 운동이 시작된 이탈리아에서는 학교에서 미각 교육을 실시하고 있는데, 이렇게 된 데에는 슬로푸드 운동이 크게 기여했습니다. 음식과 관련하여 미각은 매우 중요합니다. 사람의 입맛은 약한 맛에서 강한 맛으로 갈 수 있어도 강한 맛에 길들여지면 약한 맛으로 되돌아갈 수 없습니다. 제대로 된 미각이 있어야 제대로 된 음식을 찾을 수 있습니다. 그런데 우리나라 젊은 부모들은 아이들을 가공식품에 방치해 입맛을 망치고 있습니다. 가정에서 맛교육이 필요합니다.

입맛이 농산물 생산의 기반이 된다는 말씀이군요. 우리 전통음식의 가능성은 어떻게 보십니까? 비빔밥, 산채밥 등이 외국에서 각광받는다는 이야기도 있고요.

: 우리나라에는 훌륭한 전통음식이 많이 있습니다. 이러한 음식들을 정책적으로 육성, 보호하는 게 중요합니다. 우리의 식품가공법은 전통음식에 대한 규제 수준이 매우 높습니다. 일정 규모 이상의 시설을 갖춰야 상품화해서 유통할 수 있게끔 되어 있습니다. 자본의 논리가 개입된 것이죠. 전통적 방법으로 만드는 음식은 별도의 규정을 만들 필요가 있어요. 실제 가공식품들이 전통음식보다 훨씬 불안합니다. 화학첨가물의 폐해가 얼마나 큽니까. 그런 것은 허용하고 지혜가 스며든 전통음식의 안전성을 시비하는 것 자체가 난센스죠. 음식과 관련한 규제는 과감하게 지방정부에 이양

할 필요가 있습니다.

경기도 팔당에 슬로푸드문화원을 개관한 것으로 알고 있습니다.

: 잘 아시다시피 우리나라 농업과 먹을거리 문제가 매우 심각합니다. 저는 우리나라 농업 문제, 먹을거리 문제의 해결에 소비자들의 역할이 무엇보다 중요하다고 봅니다. 소비자들의 농업과 먹을거리에 대한 생각이 제대로 되면 농업 문제, 먹을거리 문제의 해결이 가능하다고 봅니다. 슬로푸드문화원은 소비자들에게 농업과 음식에 대한 생각들을 바꿀 수 있는 기회를 제공하기 위해 출범했습니다. 경기도 팔당 삼봉면 조안리에 위치해 있습니다. 2007년부터 준비했고 2008년 4월에 농림수산식품부에 사단법인으로 등록하면서 문을 열었습니다. 이곳에선 음식에 관한 교육, 연구, 체험활동 등이 이루어집니다. 얼마 전에는 슬로푸드 팔당지부가 슬로푸드 국제본부에서 승인을 받았습니다.

최근 들어 지자체가 음식 문제 등에 관심을 나타내기 시작했습니다. 자치단체가 먹을거리 문제를 인식한다는 것은 큰 의미가 있을 것 같은데요.

: 음식 운동은 두 축으로 전개되는 것이 바람직합니다. 하나는 시민들이 만들어가는 축이고 다른 하나는 공공정책이 역할을 하는 축입니다. 시민들의 자발적인 토대에서 음식 운동이 활성화되고, 정부나 지자체가 외국의 좋은 사례와 제도를 벤치마킹하는 작

업으로 뒷받침하면 음식 운동의 시너지 효과가 더욱 커질 수 있습니다.

모범적인 사례를 하나 든다면?

: 천안시의 '지산지소(地産地消) 운동'도 좋은 사례입니다. 지산지소 운동은 원래 일본에서 일어난 것으로 지역에서 생산되는 농산물을 지역에서 소비하자는 운동입니다. 유통시설이나 저장시설 등 별도의 인프라를 필요로 하지 않기 때문에 돈도 별로 들지 않습니다. 천안에서는 시당국이 시민단체 등과 함께 생산자들이 질 좋은 지역농산물을 생산하도록 지원하고, 이를 지역 소비자들의 소비와 연결하여 큰 성과를 이루었습니다. 이러한 노력들이 여러 지자체로 확산될 필요가 있습니다.

먹을거리의 위기를 극복하는 대안으로 로컬푸드 운동이 떠오르고 있습니다. 슬로푸드 운동의 연장선상이겠지요. 교수님께서 앞장 서고 있는 것으로 알고 있습니다.

: 정체불명의 글로벌푸드가 식품안전성이나 환경 등에 문제가 되고, 또 가족농들에게 어려움을 가져다주자 로컬푸드에 대한 관심이 커지고 있습니다. 로컬푸드 운동의 초점은 지역식량 체계의 발전을 가져오는 것입니다. 지역식량 체계의 특징은 생산자와 소비자의 연결입니다. 사실 조금만 생각해 보면 생산자와 소비자는 먹을거리 공동체라는 것을 알 수 있습니다. 소비자가 공동생산자

가 되어 생산자의 식량생산 과정에 참여하고, 생산자의 사정을 이해하고 배려할 필요가 있습니다. 또 생산자인 농민은 생산 과정에서 소비자들의 건강과 안전을 우선 생각해야 합니다. 이처럼 농민과 소비자가 서로 배려하고 신뢰하는 것이 필요합니다.

세계식량 체계에 얽매인 현실 속에서 과연 그게 가능할까요?

: 우리 농업정책이 세계식량 체계 속에서 수립되고 있는 것은 사실입니다. 하지만 거기에 모든 것을 맡기는 것은 어리석은 일입니다. 자국(自國) 안에서 안정적인 식량 체계를 구축하는 일은 자구책입니다. 그렇게 하기 위해서는 생산자와 소비자가 연대하는 지역농업에 바탕을 둬야 합니다. 푸드마일(Food Mile : 식량의 이동거리)을 줄이고 생산자 푸드달러(Food Dollar : 소비자가 지출한 음식비에서 생산자에게 돌아가는 몫)를 높이는 지역식량 체계 구축은 충분히 가능성이 있습니다. 또 그것은 비용도 크게 들지 않습니다.

'고용 없는 성장'은 현대사회의 한 특징입니다. 그런데 로컬푸드 운동으로 고용 문제도 일정 부분 해결할 수 있다고 하는데, 어떤 이야기입니까?

: 경제는 생산과 소비 양쪽 날개가 조화를 이뤄야 합니다. 그런데 생산성은 갈수록 늘어나는데 정규직 고용은 오히려 주는 것이 현실입니다. 기업들은 자동화의 도입으로 가급적 인력 사용을 줄이고, 또 정규직보다 비정규직을 선호합니다. 그래서 전체적인 생

산성은 증대하지만 고용은 크게 늘어나지 않고 있습니다. 하지만 지역식량 체계에서는 고용을 늘릴 수 있습니다. 먹을거리의 생산자와 소비자를 연결하는 작업이 필요하고 그것이 바로 고용입니다. 영국 데본카운티의 경우 지역식량 체계의 도입 이후 고용이 많이 늘어났습니다.

구체적으로 어떤 방법으로 고용을 늘린다는 말입니까?

: 생산자 푸드달러를 늘리는 방법으로 가능합니다. 미국에서 나온 통계에 의하면 밀의 경우 소비자가 1달러를 지불하면 직접 생산자인 농민에게는 4센트밖에 돌아가지 않는다고 합니다. 겨우 4%밖에 돌아가지 않는다는 말이죠. 대부분이 종자·농약·비료 생산업자, 유통업자, 포장업자의 수중으로 들어가죠. 지역식량 체계에서는 그런 돈이 지역에서 돌게 됩니다. 돈이 지역에 돌면 지역 내에 일자리가 창출됩니다. 농업이 갖고 있는 잠재력을 살리면 농업은 사양산업이 아니라 고용을 창출하는 영역이 될 수 있습니다.

먹을거리 문제는 미국 거대자본이 만든 세계식량 체계에서 발생하는 것 아닌가요. 그들이 생산부터 소비까지 결정적 영향력을 행사하고 있습니다. 믿을 수 없는 식품을 생산하고, 심지어는 곡물시장을 왜곡시켜 엄청난 이익을 챙기고……

: 세계시장을 위한 먹을거리 생산이 이루어지고, 이른바 싼 먹을거리를 상품으로 공급하는 세계식량 체계에서는 식량체계의 주

역이 거대자본이고, 생산자와 소비자는 거대자본의 지배 대상입니다. 생산자가 생산에서 차지하는 비중이 점점 줄어들고, 소비자들은 단순한 소비자에 불과합니다. 이러한 식량체계에서 생산자와 소비자 모두 거대자본의 이익에 봉사하게 됩니다. 생산자는 자율성을 잃을 뿐만 아니라 푸드달러 중 생산자 몫이 줄어들기 때문에 점점 더 어려운 지경에 빠지게 됩니다. 소비자는 상당히 먼 곳에서 생산돼 생산자와 생산 과정을 알지 못하는 정체불명의 먹을거리를 먹을 수밖에 없습니다. 거대자본은 정부를 움직입니다. 예컨대 미국 정부는 유전자 조작 농산물에 대해 규제를 거의 하지 않습니다. 소비자들이 의무표기를 주장해도 이를 무시합니다. 식품규제를 하는 기관이나 위원회에 거대자본 쪽의 사람들이 들어가 그들의 이익을 정책에 반영한 결과로 볼 수 있습니다.

소비자들의 역할이 중요함에도 정작 먹을거리 문제의 심각성을 미처 인식하지 못하고 있습니다.

: 소비자가 먹을거리 문제의 심각성을 인식하지 못하게 된 것은 세계식량 체계와 관련이 있습니다. 생산자와 떨어져 있는 소비자는 식량 생산 과정을 알기가 어렵습니다. 수많은 단계를 거치면서 식탁에 오른 음식에 대해 알 수가 없습니다. 농업과 먹을거리 문제의 해결에서 소비자는 매우 중요합니다. 생산자가 아무리 좋은 먹을거리를 생산한다고 하더라도 소비자가 외면하면 생산을 지속할 수가 없습니다. 그래서 소비자가 음식에 대해, 농업에 대해

어떤 생각을 하느냐가 중요합니다. 소비자가 좋은 먹을거리를 선호하게 되면 좋은 먹을거리의 생산을 가져오게 되고, 나쁜 먹을거리를 선호하게 되면 나쁜 먹을거리의 생산을 부추기게 됩니다. 소비자가 먹을거리 문제의 심각성을 인식할 수 있도록 소비자 교육이 필요하고, 또 생산자와 소비자의 연결도 필요합니다. 앞에서 말씀드린 팔당 슬로푸드문화원은 바로 이러한 일을 하고자 하는 것입니다.

지속 가능한 세상을 위해 음식 소비자로서 갖춰야 할 자세로 어떤 게 있을까요?

: 자본이 생산자와 소비자를 분할 지배하는 현재의 세계식량 체계를 바꾸는 게 중요합니다. 세계식량 체계처럼 규모를 예찬하고 속도를 예찬하는 것은 우리를 죽음의 밥상으로 내모는 일입니다. 농업이나 음식은 자연의 순리가 기본이 되어야 합니다. 인간의 개입이 적정수준을 넘어서면 안 됩니다. 그런데 지금 세계식량 체계는 자연 순환의 임계점을 넘어섰고 그것이 부메랑으로 인간에게 돌아오고 있습니다. 지속 가능한 재생산 수준까지 인간의 개입을 줄여야 합니다. 인간의 오만과 기술에 대한 맹신에서도 벗어나야 합니다. 공존 공생하지 못하면 농업도 음식도 궁극적으로 인간도 존재할 수 없습니다. 이제 인간은 자연에 대해서 겸손해야 합니다.

마지막으로 먹을거리 문제에 대해서 국가가 어떤 역할을 하는 게 바람직한지에 대해 말씀해 주셨으면 합니다.

: 먹을거리는 국민의 생명과 관련된 문제이며, 안전한 먹을거리 공급 여건의 확보는 국가의 의무입니다. 음식의 안전성 문제는 가장 중요하게 그리고 항상 신중하게 접근하는 것이 중요합니다. 국가가 식량주권을 소홀히 해서는 나중에 크게 후회할 일만 남습니다. 정부는 이번 촛불집회에서 나타난 먹을거리에 대한 민심을 보아야 합니다. 안전하고 좋은 먹을거리의 안정적 공급을 최우선시하는 국정을 펴나가야 할 것입니다.

3. 생태담론의 전진기지
〈녹색평론〉

● **김종철 발행인**

서울로 향한 고속열차가 시속 300km로 달린다. 창밖으로 스쳐 지나가는 일상들은 이미 온전한 풍경이 아니다. 분절된 시간과 영상의 연속일 뿐. 이 현기증 나는 고속 질주의 끝은 어디인가?

〈녹색평론〉은 지난 1991년 11월 대구에서 출발해 17년간 작지만 견고한 목소리로 잿빛세상을 향해 녹색담론을 발신해 왔다. '우리에게 희망은 있는가?'라는 다소 도발적 질문으로 시작된 창간사 이후 경제지상주의가 팽배한 물신의 사회를 질타하면서 기계문명이 가져올 재앙에 대해 부단한 경고를 던져왔다.

서울 종로구 필운동 사직공원 부근에 자리한 〈녹

색평론〉 자료실에서 김종철 발행인과 마주 앉았다. 창 너머로 고즈 넉한 풍경들이 다가왔다. 한옥들의 기와지붕하며 좁은 골목길들과 작은 가게들…… 그러나 이 평화로운 풍경이 얼마나 갈 것인가. 거 친 포클레인 삽날에 해체되고 그 자리엔 콘크리트 고층아파트들 이 들이닥칠 것이다. 김 발행인의 얼굴은 맑았고 눈빛은 평화로웠 다. 하지만 첫마디부터 파국을 향해 달리는 문명에 대해 결연한 항 전의지가 묻어났다.

오늘 우리가 살아가는 상황이 〈녹색평론〉이 세상에 첫선을 보였 던 17년 전보다 더 나빠진 것 같습니다.

: 우리 앞에 놓인 위기가 훨씬 더 심각해졌습니다. 그러나 우리 는 위기에 무감각하고, 설령 위기의 정체를 알아챘다고 해도 맞서 지 않고 지레 포기합니다. 무엇인가가 이 난국을 해결해 주지 않겠 나 하는 막연한 기대 속에…… 그 뭔가가 과학일 수도 있겠지만, 문제는 과학에 대한 맹신이 위기를 증폭시키는 데 있지요. 지난 십 수 년간 우리의 삶은 물질적으로는 더 나아진 듯하지만, 실은 우리 의 미래를 갉아먹어 온 것 아닌가 생각합니다. 이미 과학적으로도 종말론적인 징조들이 속속 감지되고 있지 않습니까. 우리가 탄 문 명이란 폭주 기관차는 이제 제어할 수조차 없을 정도입니다. 편리 와 풍요라는 이름 아래 우리 스스로의 삶, 삶터를 망치고 있는 것 입니다.

〈녹색평론〉은 세계화 과정 속에서의 농촌 붕괴와 식량 문제를 특히 우려했는데, 오늘 우리가 눈앞에 그것을 목도하고 있습니다.

: 전 세계가 식량파동으로 아우성치고 있습니다. 아이티, 이집트, 도미니카공화국, 볼리비아, 아프가니스탄, 필리핀 등 아프리카 중남미, 동남아까지 전 지구적으로 기아사태에 폭동까지 일어났지요. 그러나 1억 명 이상이 생존의 벼랑 끝에 내몰린 비극 속에서도 거대 곡물회사들은 예년에 비해 엄청난 수익을 올렸다고 합니다. 인디펜던트 보도에 따르면 몬산토사는 지난 2월까지 3개월 간 순수입이 11억2000만 달러로 1년 전 같은 기간의 5억4300만 달러에 비해 배 이상 늘어났고, 같은 기간 카길의 경우도 5억5300만 달러에서 10억3000만 달러로 폭증했습니다. 이번 세계 곡물 값 폭등에는 이들 거대기업들의 투기도 한몫을 한 것이지요. 아직 우리나라는 식량파동을 실감하지 못하겠지만, 식량자급률이 겨우 28%밖에 안 됩니다. 농촌이 붕괴되면 우리에게도 언제 화가 닥칠지 모르는 게 현실입니다.

결국 세계화, 신자유주의가 문제겠지요.

: 가진 자들 중심으로, 그들의 잣대로 세계경제를 재편하는 것이 바로 세계화의 정체입니다. 최근 부시가 세계 곡물파동은 인도인들이 너무 많이 먹어서라고 했다가 비난을 받았는데, 바로 그것이 세계화의 극명한 사고방식입니다. 실제 미국 농무부 자료에 따르면 미국인 1명이 연간 곡물소비량이 1046kg인 데 비해 인도인

은 178kg에 불과한데도 그 따위 소릴 합니다. 많이 가진 자가 자신들의 호사를 위해 과소비를 하는 것은 당연하고 못 가진 제3세계 민중의 소비는 용납하지 못하는 '이중적 잣대'가 세계화의 본질입니다.

이명박정부 들어 돈이면 다 된다는 경제제일주의가 극성을 부리고 있습니다. 돈이 우리 삶을 규정하는 잣대가 돼버린 현실이 안타깝습니다.

: 새 정부는 한마디로 거칠고 서툽니다. 정권을 잡는 데만 신경을 쓰다 보니 정작 구체적 정책대안을 갖고 있지 못한 것 아닌가 싶습니다. 도무지 신중한 구석이라고는 없어요. 국가의 공익적 기능을 외면한 채 모든 것을 기업, 이윤의 측면에서만 생각하고 있습니다. 이번 미국산 쇠고기 수입 협상만 봐도 그렇잖아요. 미국과 국내 대기업의 이익을 위해서 검역주권(檢疫主權)이나 국민의 건강권을 소홀히 한 것 아닙니까. 지금 국민들은 무모할 정도로 밀어붙이는 개발 정책에 환경적 재앙을 우려하고 있습니다. 자연과 삶터가 망가지든 말든, 국민의 건강이 위협받든 말든 돈만 더 벌고 성장만 더 하면 된다는 식이 아닙니까. 국민 대다수가 반대하는 데도 집요하게 대운하를 추진하려는 것을 보십시오.

한미 FTA가 본격적으로 거론되고 있는데, 통과되는 것은 시간 문제인 것 같습니다. 가뜩이나 한계선상에서 허덕이는 농촌사회와 농

민들의 삶이 벼랑 끝으로 내몰리지 않을까 걱정입니다.

: 정부는 한미 FTA 협정이 체결되면 일자리가 늘어나고 우리 경제가 급속하게 성장할 것이라고, 위기에 내몰린 경제의 마지막 희망이라고 국민들에게 선전하고 있습니다. 그러나 확실한 것은 그를 통해 우리 농업의 기반이 철저히 붕괴될 것이며, 그 결과 민중들의 삶은 엄청난 재앙에 직면할 수밖에 없다는 사실입니다. 그런데 문제는 국민들은 FTA가 도대체 뭔지, 어떤 영향을 미쳐 올지, 그 정체를 모른다는 데 있습니다.

농촌 붕괴가 의미하는 것은 과연 무엇인지요? 농촌의 붕괴가 우리의 일상에 어떤 영향을 미칠지에 대해 심각하게 생각하지 않고 있잖습니까?

: 농촌이 무너지는 것은 우리 삶의 토대가 무너지는 것입니다. 그런데도 권력자들은 농업 인구는 10만 명이면 족하다고 하고, 해외에다 식량기지를 건설하면 해결된다고 하니 한심한 노릇이 아닐 수 없습니다. 이제 농산물 빗장이 열리면 외국농산물이 물 밀듯 밀려들어 국내 농촌은 질식사할 수밖에 없습니다. 결국 농촌을 쌀 공장, 식품을 만드는 공장 정도로 바라본 천박한 자본의 논리, 경쟁의 논리가 불러온 결과지요. 농촌은 오랜 세월 우리의 호혜적(互惠的) 삶을 지켜온 공동체이자, 앞으로도 지속 가능한 삶을 약속해 줄 가장 확실한 토대입니다.

〈녹색평론〉은 '공생공락(共生共樂)의 가난'을 줄기차게 표방하고 있습니다. 〈녹색평론〉을 통해 널리 알려진 장일순 권정생 두 분 선생님의 나눔과 가난이 그런 정신이겠지요.

: '위학일익 위도일손(爲學日益 爲道日損)'. 도덕경의 한 구절입니다. 학문을 하면 지식이 늘어나지만 도를 행하면 욕심이 준다, 이렇게 해석할 수 있겠습니다. 〈녹색평론〉을 하면서 무위당 장일순 선생님과 아동문학가 권정생 선생님을 만났습니다. 내가 세속의 학교에서 지식을 배웠다면, 두 분에게는 줄이고 나누는 삶의 방법을 배웠지요. 〈녹색평론〉 행간에 두 선생의 사상과 삶의 흔적을 반영하려고 노력하고 있습니다.

두 분 선생님과 관련한 일화가 있다면 이참에 좀 들려주십시오.

: 이달에 무위당은 14주기, 권정생 선생도 1주기를 맞습니다. 내가 그분들을 존경하는 것은 사회적 나눔과 공생의 삶을 온몸으로 보여주신 이 시대의 사표(師表)이기 때문이지요. MBC 방송의 '느낌표'가 독서 캠페인으로 시중에 화제가 될 당시, 권정생 선생님의 책《우리들의 하느님》이 선정되었다고 녹색평론사로 연락이 온 적이 있습니다. 미리 10만 부 정도 찍어놓고 기다리라는 연락이었습니다. 나는 원래 이런 식으로 TV에서 요란하게 떠드는 게 마음에 들지 않아서 싫다고 했지요. 그랬더니 방송국에서 저자한테 직접 연락을 했던 모양입니다. 나중에 들은 소문이지만, 권정생 선생의 답변은 단호하고 명쾌했습니다. 즉 "아이들에게 가장 행복한

시간이 책방에서 스스로 책을 고르는 순간인데, 왜 그런 행복을 아이들에게서 뺏으려는 것이냐"면서 거절하셨다고 합니다. 그런 분이었습니다. 권 선생은 한평생 병고에 시달리면서 몇 평 안 되는 흙집에서 낡은 옷 몇 벌과 고무신으로 살아왔습니다. 그런 절대가난 속에서도 아동문학 책의 인세를 거의 쓰지 않고 모아놓았다가 북한의 굶주리는 어린이들을 위해 써달라는 유언을 남기고 돌아가셨지요. 그렇게 모은 인세가 10억 원이나 됐습니다. 자기를 위해서는 전혀 쓰지 않으셨던 겁니다.

인류의 미래를 암울하게 하는 대량생산 대량소비 대량폐기의 악순환을 멈출 수 있는 방법은 없습니까? 선생께서는 현대인들의 소모적 삶에 대해 진지한 성찰이 필요하다고 늘 강조하셨는데요.

: 오늘 인류가 직면하고 있는 위기는 자본, 기술혁신, 생산성제고 따위로 해소될 수 없습니다. 승자가 독식하는 약육강식의 경쟁 사회가 우리의 삶을 압박하고 있고, 필연적으로 자연을 약탈합니다. 경제성장과 이윤창출이란 달콤한 유언비어가 나돌지만 결코 우리의 삶을 행복하게 할 수는 없습니다. 그것은 가진 자들을 위한 기회일 뿐이지요. 무한경쟁의 회오리 속에서 부자는 더욱 부유해지고 풀뿌리 민중의 삶은 더욱 피폐해질 것입니다. 모든 게 성장으로 가능할 것이라는 망상을 버리는 것이 중요합니다. 지금은 나누는 삶, 줄이는 삶, 그리고 위기를 타개해 나가려는 풀뿌리들의 강력한 실천이 필요한 때입니다.

서울로 올라온 지 4년이 됐다고 하셨는데, 물신(物神)과 욕망의 도시 한가운데서 생활하는 게 힘들지는 않은지요?

: 서울은 생태적으로 죽은 공간입니다. 그러나 내가 책을 제대로 만들기 위해서는 여기에 있을 수밖에 없습니다. 자극도 많고, 사람을 만날 기회도 많아요. 요즘은 일주일에 두 차례 정도 강연을 나갑니다. 역설적이지만 지방과의 원활한 소통을 위해서도 오히려 서울이 편리합니다. 그것이 우리나라의 현재 구조입니다. 이번에 100호 발간을 기념한 강연회를 전국에서 하기로 했는데, 서울 강연은 시국강연회로 명칭을 붙였습니다. 지금 우리 앞에 펼쳐지고 있는 일련의 사태들이 그만큼 절박하기 때문이지요. 이 사무실 근처 현대상선 빌딩에 9개 층을 쓰는 법률사무소 김앤장이 있습니다. 신자유주의를 성공 사업으로 만든 거대한 또 하나의 권부(權府)가 눈앞에 있다는 것도 자극이 됩니다.

2004년부터 유지해 오던 책값을 이번에 올렸더군요. 여전히 재정 문제가 가장 큰 고민거리일 것 같은데요.

: 어렵습니다. 그러나 5000여 명의 정기독자가 큰 버팀목이 되어줍니다. 늘 재정적인 압박을 받으면서도 가까스로 명맥을 유지해 온 것은 그들이 있기 때문이지요. 매호 잡지가 나오기를 기다리는 열성적 독자들 때문에 잡지를 그만두는 것이 어렵다는 것을 절감하지 않을 수 없었습니다.

자연과 사람, 사람과 사람의 조화, '고르게 가난한 사회'를 지향하며 공생적(共生的) 문화의 회복을 화두 삼아 온 〈녹색평론〉은 이 시대 녹색담론의 전진기지이다. 세계의 생태수도 쿠리치바, 《오래된 미래》의 헬레나 노르베리-호지, 스콧 니어링과 헬렌 니어링 부부, 사티쉬 쿠마르 등을 국내에 처음 알렸다. 또 대안교육, 지역자치, 귀농과 유기농업, 대체의학과 의료체계, 자유무역, 수돗물 불소화 문제 등 숱한 이슈와 논쟁을 이끌며 대안을 모색해 왔다. 〈녹색평론〉은 세계화의 압박 밑에서 민중의 삶이 피폐해지고 경제논리에 의해 생명의 가치가 유린되는 현실 속에 목소리를 높여갈 것이다.

"일찍이 간디가 그랬던 것처럼 우리 자신도 '무책임하고, 미숙하고, 미쳤다'는 비난을 기꺼이 받아들일 각오를 하지 않는 한 가난을 옹호한다는 것은 불가능한 일인지 모른다. 하지만 우리는 '책임 있고, 성숙하고, 멀쩡한 정신을 가진 사람들'이 바로 '역사상 가장 파괴적이고 어리석은 시대를 주도해 온 사람들'이라는 것을 기억할 필요가 있다"는 김 발행인의 100호 권두언이 긴 여운을 남긴다.

*김종철 발행인과 대담 당시 100호를 내놨던 〈녹색평론〉이 지난 7, 8월호로 지령 131호를 기록했다. 그동안 우리 사회는 김종철 선생이 우려했던 대로 극심한 빈부의 양극화로 갈등이 증폭되는 등 신자유주의의 깊은 병폐 속에서 신음하고 있다.

이명박정부가 국민들의 반대 속에 밀어붙였던 4
대강사업은 실패로 막을 내렸다. 이와 함께 일본
후쿠시마 원전의 폭발도 충격이 아닐 수 없었다.
〈녹색평론〉은 4대강사업, 후쿠시마 원전 사고 등
에 대해 집중적으로 조명하면서 위기의 본질을 꿰
뚫어 보였다. 협동조합과 도시농업 등에 대해서도
관심을 기울이는 등 문제투성이인 우리의 삶을 향
해 생태담론을 끊임없이 발신하고 있다. 〈녹색평
론〉과 교신하려면(02)738-0663.

● 고제순 흙집지기

흙처럼아쉬람으로 가는 길, 더위가 기승을 부렸지
만 여름은 이미 긴 꼬리를 감추기 시작했다. 새로운
계절을 예비한 햇살이 들판으로 쏟아져 내렸다. 삼
복(三伏)이 지나면서 부쩍 자라난 벼 포기들은 우주
와 대지의 기운을 빨아들이며 결실을 준비하고 있었
다. 연세대 원주캠퍼스를 지나 충주 쪽으로 2km쯤
더 달리다 좌회전해 토지문화관으로 접어들면 원주
시 흥업면 매지리 회촌마을. 멀리 짙푸른 산자락이
파도처럼 출렁거렸다. 마을을 지나 산속으로 빨려들
어가듯 들어서니 왼쪽 산허리에 정겨운 흙집들이 말
간 얼굴을 내민다.

여토(如土) 고제순 선생은 흙집학교 수강생들과 집

짓기 수업 중이었다. 흙집 짓기가 바야흐로 막바지로 향하고 있었다. 이레간의 수업 중 오늘이 엿새째, 황토 찜질방 안팎 벽 쌓기, 문틀과 창틀 달기 등이었다. 작업 현장에서 이루어진 야전 인터뷰, 고 선생은 겸연쩍은 표정을 지으면서 수시로 작업현장으로 들락거렸다. 오전 9시30분에 시작한 인터뷰가 그의 거처에서 소박한 점심상을 물리고 난 뒤에서야 끝났다. 시계바늘은 오후 2시를 지나고 있었다.

칼 포퍼를 전공한 철학자가 흙집을 짓는 사람으로 바뀐 데에는 절실한 계기가 있었을 것 같은데요.

: 오스트리아에서 학위를 마치고 돌아와 1995년까지 대학에 출강을 했습니다. 정신없이 책에만 매달려 살았던 셈이지요. 그러던 어느 날 문득 제 삶을 돌이켜보게 되었습니다. 스스로에게 행복한가 물었고, 답은 그렇지 않다는 것이었죠. 무언가 잘못 살아왔다는 생각을 했습니다. 수십 년간 정신노동에 치우쳐 살았습니다. 사람은 몸과 마음, 영혼이 조화를 이뤄야 하는 생명체입니다. 그런데 저는 몸도 별로 움직이지 않았고 영성도 일깨우지 못했습니다. 오로지 정신노동만 해온 기형적인 삶으로 일관해 온 것이지요. 머리만 복잡한 사람은 아는 것은 많은데 행동하지 않습니다. 제 삶이 그랬죠. 지행합일(知行合一)이 안 되는 삶에 스스로 실망하면서 마음이 불편해지기 시작했습니다. 급기야 자기 모순적, 자기 분열적 나날이 고통스러워졌습니다. 그게 새로운 삶을 모색한 계기가 되었

습니다. 외적 안정보다 내면적 평화, 물질적 풍요보다 정신적 행복을 찾기 위해 삶의 방향타를 돌린 것이지요.

선생의 말처럼 한갓 미물도 자연과 조화를 이루며 자립하는데, 인간으로서 제대로 서지 못했다는 것을 깨닫는 순간 충격을 받았겠습니다.

: 식주의(食住醫)는 생명을 영위하기 위한 삶의 기본 바탕입니다. 먹는 음식, 생활하는 공간, 치유하는 일 어느 하나 제 스스로 마련할 수 있는 게 없었습니다. 삶의 기초가 너무 부실했던 것이지요. 홀로서기 능력이 전혀 되지 않고 타인에게 제 삶을 전적으로 의존해야 한다는 사실이 부끄러웠습니다. 몸과 마음과 영혼이 조화로운 생활과 식주의의 자립을 위해서 자기 혁신이 필요하다는 것을 절감한 것이지요. 먼저 정신노동을 줄이고 육체를 부리고 영성생활을 하는 삶을 추구했습니다. 하루 24시간 중 잠자는 6시간, 식사하는 3시간을 뺀 15시간을 육체노동, 정신노동, 영성생활에 5시간씩 나눠 조화로운 삶을 살려고 노력했습니다. 식주의 자립을 위해 대학 강의를 그만두고 농사를 배웠습니다. 집 짓기도 배웠고 자연의학도 공부했습니다.

그때 배운 집 짓기가 이제 평생의 과업이 된 것이군요. 그런데 왜 집 짓기입니까?

: 현대인들의 삶은 많은 문제를 안고 있습니다. 특히 왜곡된 주

거문화가 여러 문제를 유발하고 증폭시킵니다. 아파트를 중심으로 한 우리의 주거문화는 생명을 시들게 하고 병들게 합니다. 주거문화를 바꾸는 일부터 해야겠다는 절박감이 앞섰습니다. 그래서 2004년 흙집학교를 시작했습니다. 건축학은 전공하지 않았지만 잘못된 주거문화를 바로잡고 생명을 살리는 생태건축으로 제 삶의 방향을 튼 것이지요. 자연을 한번 돌아보십시오. 모든 생명체는 스스로 집을 짓습니다. 벌이나 새들이나, 곤충의 애벌레까지 마찬가지입니다. 오직 인간만이 제 집을 남에게 맡겨 짓습니다. 자연 속 생명들이 살아가는 모습을 보고, 온전한 삶을 위해서는 스스로의 식주의를 해결할 수 있어야 한다고 생각했습니다.

집 짓기 자체가 수행이라고 했는데, 아쉬람도 그런 뜻에서 붙인 것이겠군요.

: 흙집을 지으면서 마음속 깊은 곳으로부터 행복감을 느꼈습니다. 몸과 마음, 영혼이 조화를 이루면 행복해집니다. 집을 짓는다는 건 육체노동으로만 이루어지는 것이 아닙니다. 끊임없이 생각하면서 손발을 움직여야 합니다. 집 짓기 현장에는 이론과 실천이 따로 놀지 않습니다. 생각과 행동이 일치하는 지행합일의 현장입니다. 일에 몰두하면 몸과 마음, 영혼이 평화로워지죠. 아쉬람은 수행처(修行處)라는 의미입니다. 흙집학교는 집 짓는 테크닉만 전수하는 기술학교를 넘어서는 수행의 도량(道場)이라는 것이지요.

다양한 생태건축 중에서 특별히 흙집을 택한 이유는 무엇입니까?

: 흙집을 택한 것은 흙이 모든 생명의 뿌리이기 때문입니다. 흙은 자체가 유기체이면서 수많은 생명을 길러내는 생명의 어머니입니다. 그래서 흙에서는 생명력 넘치는 좋은 에너지가 많이 나옵니다. 모든 걸 포용하는 흙은 사람의 인성도 부드럽게 합니다. 물질에 왜곡되고 문명에 피폐해진 마음과 정신을 회복시켜 줍니다. 흙의 포용력이라고 할까요. 흙집 짓기에 몰입하면서 '지금 여기에 살 수 있는' 게 너무 행복합니다.

생태적으로 우리는 굉장히 열악한 환경에 살고 있습니다. 일상의 주거환경이 살아 있는 공간과 거리가 멀고요. 편리라는 이름의 아파트 문화가 우리에게 너무 많은 것을 앗아간 것은 아닌지요?

: 물질과 성장 위주의 문명이 가져온 대표적 예가 아파트 문화입니다. 아파트는 효율적이고 내부 구조도 편리하고 신속하게 지을 수 있습니다. 하지만 아파트는 반(反)생태적이라는 태생적 한계를 안고 있습니다. 살림집이 아니라 죽임의 공간이라는 것이죠. 사회적인 문젯거리로 된 아토피, 천식 등의 주원인이 아파트 생활입니다. 아파트의 주소재인 콘크리트는 생명을 시들게 하고 병들게 합니다. 일본 시네마대학의 나카오 교수는 《콘크리트 집에 살면 9년 일찍 죽는다》라는 책에서 아파트의 폐해를 낱낱이 고발합니다. 또 대규모 아파트를 짓기 위해서 자연을 훼손할 수밖에 없습니다. 산을 깎아내고 바다를 메웁니다. 시멘트를 생산하기 위해 산지도

망가뜨립니다. 백두대간 줄기에 멀쩡한 곳이 없습니다. 아파트는 생태적 재앙을 가져올 수밖에 없습니다.

그렇지만 사람들은 생명을 살리는 주거를 외면하고 시멘트로 점철되고 외부와 단절된 아파트를 선호하고 있습니다.

: 인간의 집에 대한 무지, 보금자리에 대한 무지를 먼저 들 수 있겠습니다. 미물도 스스로 집을 짓습니다. 그들에게 집은 생명의 일부입니다. 집과 유기적인 관계를 형성하고 있다는 것이죠. 하지만 인간은 집을 실용성과 편리성 측면에서만 생각합니다. 집과 그 안에서 사는 생명체와의 관계에 대한 이해가 부족한 게 문제입니다. 집과 우리 일상의 관계를 제대로 생각하지 못하고 있습니다. 집은 물질적 공간이 아니라 우리의 삶과 소통하는 또 하나의 유기체입니다.

집을 생활의 공간, 살림의 공간으로 보지 못하고 재테크 수단으로만 바라보는 우리들의 빗나간 욕망도 문제를 어렵게 만들었겠지요?

: 그렇습니다. 집은 가족이 함께 살아가는 공간입니다. 우리 조상들에게 집이란 그 속에서 태어나고 자라고 죽고, 일생의 삶과 연결되어 있었습니다. 집은 단순히 잠자는 곳만이 아닌 온전한 삶의 터전입니다. 그런데 현대인들은 집의 본래적 기능보다는 돈을 벌기 위한 방편으로 사용합니다. 지금은 아파트가 재테크 수단으로 각광받는데, 생명보다 돈을 더 중요시하는 잘못된 인식의 결과이

지요. 그로 인해 자신과 가족의 생명이 병들고 있는 줄 모르지요. 참으로 안타까운 일입니다. 아파트는 생명을 병들게 하는 에너지를 내뿜고 있습니다. 당연히 그 안에 살고 있는 사람들의 인성(人性)에도 영향을 미칩니다. 아파트에서 삭막함을 느끼는 것도 그런 연유입니다.

어느 서양학자가 우리나라를 '아파트 공화국'이라고 정의한 적이 있습니다. 농촌지역에까지 아파트가 들어서니 아파트 공화국이라 할 만하지요. 하지만 1980년대 후반부터 본격적으로 건설된 고층 아파트가 수명을 다하면서 여러 문제들을 촉발시키고 있습니다.

: 이미 고층아파트 재건축 문제에서 그런 조짐이 불거지고 있습니다. 특히 최근에 지어진 초고층 아파트는 앞으로 수십 년이 지나면 대책이 없습니다. 초고층 아파트는 장차 재개발 자체가 불가능할 겁니다. 건설업체에 돌아가는 재개발 메리트가 없기 때문입니다. 결국 재개발을 하려면 아파트 소유주들이 건축비를 부담해야 하는데, 과연 모든 주민들이 그런 능력이 있으며 또한 합의가 이루어질지도 의문입니다. 그리고 아파트가 수명을 다했을 때 발생하는 엄청난 폐기물을 어떻게 할 것입니까. 그냥 방치하면 도심은 슬럼화될 것입니다. 20~30년 뒤엔 노후 아파트가 개인적·사회적·국가적 골칫덩어리가 될 것입니다.

생태건축이란 여러 가지 조건을 갖추어야 합니다. 에너지 절약 시

스템이나 빗물 소재 대체에너지 등 자연에서 순환하는 건축 시스템이 되어야 하는데요.

: 저는 생태건축의 제1 조건으로 건축수명을 꼽습니다. 오래가는 집, 튼튼한 주택이 진정한 의미에서 생태건축입니다. 수명이 짧으면 그만큼 자주 나무를 베고 황토를 캐내면서 자연을 수탈할 수밖에 없습니다. 그래서 최소한 몇백 년은 가야 되지 않겠느냐는 것이죠. 저는 500년은 갈 수 있는 흙집을 목표로 합니다. 그러기에 수명이 50년 정도밖에 가지 않는 콘크리트를 사용할 수 없는 것입니다. 제가 주로 사용하는 집 짓기 재료는 나무, 흙, 돌입니다. 나무와 흙은 습기와 물기만 차단하면 수명이 몇 백 년 이상 갑니다. 돌도 거의 반영구적이지요. 그리고 이들 소재로 지어진 흙집은 수명이 다해도 자연으로 돌아가는 집이기에, 오염의 뒤끝이 없는 생태적인 집이라 할 수 있습니다.

우리 전통주택은 매우 생태적인 주거 공간이라고 볼 수 있겠죠?

: 우리의 전통주택, 즉 한옥은 매우 다양합니다. 기와, 초가, 귀틀, 너와집 등이 있지요. 이들 건축의 공통점이 바로 흙으로 지은 집이라는 겁니다. 한옥은 수명이 다하면 자연으로 돌아갑니다. 자연과 순환이 가능한 것이지요. 단지 벽체가 얇아서 단열이 잘 안 되는 흠이 있습니다. 또 공간구조가 실용적이지 못한 것도 단점으로 꼽을 수 있겠군요. 하지만 장점이 훨씬 더 많습니다. 나무, 흙, 돌을 주소재로 해 자연과 소통하는 집이라는 게 한옥의 최고 미덕입니다.

전통건축은 단열 등 몇 가지 문제만 해결되면 어떤 유형의 건축보다 훌륭한 주거공간이 될 수 있다는 말씀입니까?

: 그렇습니다. 제가 짓는 흙집은 전통건축의 장점을 살리고 단점을 보완한 집입니다. 전통 흙집의 벽체와 천장, 창문과 출입문의 단열 문제만 해결하면 훌륭한 살림집이 됩니다. 아까 현장에서 보았듯이 목재 골조가 완성되면 흙벽돌을 안팎에서 이중으로 쌓아 올립니다. 그리고 외벽과 내벽 사이 공간에는 참숯을 채워 넣습니다. 일반 한옥의 벽 두께가 10cm인데 이 흙집은 40cm나 됩니다. 천장에도 참숯과 황토를 깔아 단열효과와 함께 몸에 좋은 음이온을 방출하도록 합니다. 공간구조도 실용적으로 디자인하고, 다양한 용도의 흙집 모델을 개발하고 있습니다. 언젠가 고층아파트도 흙집으로 짓는 날이 올 겁니다.

흙집학교 출신이 제법 되겠군요. 전국 곳곳에서 활약하고 있는 것으로 알고 있습니다.

: 이번이 27기입니다. 지금까지 650명 정도를 배출했습니다. 교육과정은 이론과 실습을 병행하는 7박8일 코스인 정규반이 있고, 2박3일의 이론심화과정 특강반도 있습니다. 어떻게 알았는지 전국 각지, 또는 해외에서도 손수 흙집을 짓는 것을 배우기 위해 찾아옵니다. 흙집 짓기를 배우러 오는 사람들은 대체적으로 생태적 사고를 가졌는데, 수백 년간 소임을 다하고 자연으로 돌아가는 흙집에 깊은 신뢰와 애정을 갖습니다. 각 기수별로 흙집 동호인회가 형성

되어 흙집을 지을 때 동문들이 서로 품앗이를 합니다. 이곳 출신들 중에는 곳곳에서 흙건축 사업을 하는 사람들도 있습니다.

일주일만 하면 누구나 배울 수 있다고 하는데, 그렇게 쉽게 집 짓기를 배울 수 있다니 놀라울 따름입니다.

: 일주일 동안 손수 집을 지을 수 있는 방법과 철학을 배우게 됩니다. 기초부터 지붕마감까지 이론공부와 실습을 병행하여 배웁니다. 생명의 이치와 원리, 본질을 통찰하면 누구나 자신의 식주의를 해결할 수 있습니다. 흙집학교 흙처럼아쉬람은 생명의 이치를 바탕으로 전문 건축가 없이도 건축할 수 있는 민중건축을 지향합니다. 그래서 누구나 스스로 손쉽게 지을 수 있는 흙건축 공법을 교육합니다. 자신의 가족이 사는 보금자리는 가능한 한 손수 짓자는 것입니다. 우리 조상들도 이웃과 함께 품앗이로 손수 집을 지었잖습니까.

지금 고 선생이 사는 집을 보면 도시의 아파트 못지않게 실용적 구조를 하고 있는데요. 거실 전면 넓은 창을 통해 보는 전망이 정말 좋습니다.

: 2000년 귀농해서 이 집을 직접 지었습니다. 주재료는 자연소재인 나무, 흙, 돌입니다. 건평이 38평으로 6개월 동안 공사를 했습니다. 흙벽돌도 직접 찍어내고, 이 집에 생태적 마인드를 담기 위해 애썼습니다. 기초는 전통줄기초로 하고 자갈과 모래를 넣어 물

다짐을 한 뒤에 자연석 주추를 놓고 기둥을 세웠습니다. 거실과 서재, 아이들 방에는 한가운데 1m 정도 파서 숯을 채우고 그 위에 숯과 황토, 맥반석을 깔고 황토미장을 했습니다. 거실은 좋은 기운이 모이는 피라미드 원두막 구조입니다.

그렇게 집을 짓고 나니 세상이 달라져 보이지 않던가요? 집을 짓는 행위에는 세상의 이치가 다 들어가잖아요.

: 손수 흙집을 지으면서 물론 육체적으로는 굉장히 힘들었습니다. 하지만 저에게는 흙집 짓기가 새로운 자기공부, 자기수양, 자기수행의 좋은 도량이 되었습니다. 무엇보다도 손수 흙집을 지으면서 삶에 대한 자신감을 얻은 것이 가장 큰 수확이었습니다. 앞으로 어떠한 삶의 어려움도 능히 넘을 수 있다는 자신감이 내면 가득히 자리한 것입니다. 그리고 흙집에 몇 년 살면서 건강이 매우 좋아졌다는 것이 저에게는 놀라운 체험이었습니다. 이런 경험으로 인해 흙집의 우수함과 흙집 짓기의 중요성을 널리 전파해야겠다는 생각이 들었습니다. 흙집학교 '흙처럼아쉬람'(http://www.mudashram. com/, (033)766-7755)은 손수 흙집을 지으려는 분들에게 그간의 저의 흙집 짓기 공부와 철학과 경험을 나누는 도량이라 할 수 있습니다. 집을 짓는 이치와 삶을 사는 이치를 서로 나누는 소통의 장입니다.

● 변숙현 교장

우리에게 집은 무엇인가. '현대인에게 집은 대합실'이라는 건축가 정기용의 풀이는 우리 시대의 집에 대한 오해와 왜곡을 돌이켜보게 한다. 옛사람에게 집이란 태어나고 자라고 죽음까지도 포용하는 생명의 공간이었다. 오랜 세월 전통을 대물림해 온 사람의 체취가 밴 문화적 공간이기도 했다. 그런데 지금은 많은 이들이 집을 재산 증식의 수단, 더 좋은 집으로 가기 위해 잠시 대기하는 장소로 생각한다. 그래서 자기가 살던 집이 재개발, 재건축 되어도 경축이란 플래카드를 걸어놓고 집의 해체, 집의 죽음을 축하하는 세태에까지 이르렀다.

오늘날 한국 사람들의 70%가 사는 아파트라는 공

간은 집의 의미를 더욱 왜곡시킨다. 프랑스 지리학자 발레리 줄레 조는 폭력적 주거문화의 대표적 형태인 아파트에 모든 것을 거는 한국의 주거문화를 '아파트 공화국'이라고 풍자한다. 이제 우리에게 생태적 삶의 공간으로서, 가족의 정이 담긴 살아 있는 공간으로서 집을 갖는 것은 요원한 일일까.

집에 대한 숱한 상념을 가슴에 담은 채 청도 한옥학교를 찾는다. 차가 청도군청을 지나자 저만치 야트막한 야산 자락에 한옥학교가 모습을 드러낸다. 굽은 산길을 2분 정도 오르니 한옥학교라고 쓴 세로 현판이 걸린 일주문이 눈앞에 당당하게 버티고 선다. 문을 들어서자 코끝으로 나무냄새가 훅 끼쳐 온다. 곳곳에 다양한 형태의 한옥들, 목재를 쌓아놓은 실습장, 사모정 육모정 등 목구조물들이 마치 서부 개척시대를 방불케 한다. 한옥 정신으로 아파트 전성시대를 온몸으로 헤쳐 나가는 변숙현 교장(49)과 마주 앉았다.

집은 사람과 우주를 맺어주는 장소라고들 하지요. 그런 점에서 한옥은 어떤 양식의 건축보다도 집이 가진 의미에 충실한 것 같은데요.

: 한옥은 자연의 순리를 담고 있습니다. 흙과 나무, 돌로 지어진 자연의 산물입니다. 집은 단순한 구조물이 아니라 그 속에서 사람이 태어나고 자라고 배우고 죽고 대를 잇는, 정신과 생명이 스며든 유기체입니다. 사람의 몸이 소우주고, 자연이 대우주라면 집은 중우주입니다. 한옥은 자연과 삶이 온전하게 밴 공간이죠.

우리의 옛집들이 한옥으로 불린 것은 근대 이후였겠지요. 이 땅에 서양식 건축이 도입되면서 양옥과 대비해 이름이 붙여진 것 아닌가 생각됩니다. 현대에서 한옥의 정의를 내린다면?

: 이 땅에서 과거에 살았던 이들이나 오늘을 사는 사람들의 집, 미래의 후손이 짓는 집도 한옥이어야 한다고 봅니다. 물론 대부분의 사람은 한옥을 과거의 흔적, 생활하지 않는 박제된 역사 속의 공간, 즉 문화재를 떠올립니다. 또 한옥은 으레 그런 모습이어야 한다고 생각하는데 그것은 잘못입니다. 건축의 형태는 시대에 따라, 가치관의 변화에 따라서 바뀔 수 있습니다. 집에 담긴 시대성이랄까요, 한옥에도 한 시대의 가치와 미학이 담겨 있습니다. 그런 점에서 지금의 한옥이 과거와 같은 형태의 한옥이어야 할 필요는 없습니다. 전통을 답습하기보다는 재창조할 필요가 있는 것이죠.

이 시대 한옥이 제대로 자리매김하기 위해서는 한옥에 대한 인식이 바뀌어야 한다는 이야기인가요?

: 그렇습니다. 한옥이 새롭게 정형화돼야 한다면 시대에 맞는 모습으로 재창조 계승돼야 합니다. 그런 점에서 오늘날 주된 주거형태인 아파트의 가치도 일정 부분 존중되어야 합니다. 실제 아파트엔 한옥의 건축적 질서들이 부분적으로 녹아 있습니다. 아파트의 평면구성은 까치구멍집과 흡사합니다. 아파트에 한옥의 조형원리를 가미해 좀 더 인간적 주거공간, 생태적 주거공간으로 만들어나가는 것에 대한 고민도 필요합니다. 아파트라고 해서 무조건 배

척돼서는 안 된다는 게 제 생각입니다.

한옥을 생활 속으로 받아들인다는 것은 서구적 주거문화에 익숙해져 있는 현대인들에게 여러 모로 어려울 것 같습니다.

: 한옥의 정신을 계승하고 생활 속에 받아들이는 데는 우리가 '유익한 불편'을 얼마나 감수해 내느냐가 관건일 것 같습니다. 아파트에 살다 한옥에 살면 불편한 점이 많을 것입니다. 가령 겨울철에 한옥 생활을 하면 외풍을 피할 수 없습니다. 한옥은 내기(內氣)와 외기(外氣)를 교류하는 숨을 쉬는 집이기 때문입니다. 아파트에 익숙해져 있는 이들에게 겨울철 외풍은 불편할 것입니다. 하지만 그 불편한 외풍이 우리 건강에는 유익합니다. 한옥에 살면 감기 걸릴 일이 거의 없습니다. 따뜻한 아파트 생활을 하면서 감기를 달고 사는 경우와 비교가 되지요.

현대인은 온통 시멘트로 만들어진 닫힌 공간에서 살아갑니다. 죽음의 공간이라고도 할 수 있겠죠. 살아 있는 공간으로서 전통 한옥의 생태적 기능, 생태적 가치에 대해서 설명해 주시죠.

: 한옥은 어머니 자궁 같은 존재입니다. 한옥의 정신적 바탕에는 자연존중 사상, 만생명(萬生命)이 더불어 사는 장소라는 생각이 깔려 있지요. 그리고 생명이 순환한다는 것이지요. 한옥은 재료적 의미에서 확실히 그렇죠. 흙과 나무로 지어진 한옥은 그 수명이 다한 뒤 자연으로 돌아갑니다. 오늘날 공산품 재료로 구성된 아파트

에서는 감히 생각할 수조차 없을 겁니다. 아파트는 오염덩어리라고 할 정도로 공해를 유발합니다. 새집증후군이 생기고, 그 속에 사는 아이들은 천식과 아토피로 고통받기도 하지요.

한옥의 우수성, 뛰어난 과학성은 요즘 들어 첨단과학으로 입증되고 있습니다. 구체적으로 들려주신다면……

: 한옥을 숨 쉬는 집이라고 합니다. 주요 부재인 흙과 나무는 습도를 조절해 주는 역할을 합니다. 장마철에는 습기를 머금고 건조한 날에는 습기를 뿜어내 실내 환경을 쾌적하게 합니다. 안팎의 공기를 소통시켜 탁한 실내를 정화시키지요. 또 한옥의 구조도 매우 과학적입니다. 남향의 처마는 일조량을 조절해 겨울에는 햇볕을 집 안 깊숙이 끌어들이고 여름에는 툇마루 끝에서 차단합니다. 한지 창호도 자연의 빛을 걸러 순화시키고 부드러운 기운을 실내로 받아들입니다. 구들도 서양에서 배우고 연구할 정도로 정교하기 그지없는 장치입니다. 마루, 마당 등 모든 게 조상들이 오랜 경험 속에서 확인해 온 과학적 생각의 결과물입니다.

무엇보다 한옥을 이야기할 때 자연에 거스르지 않는 조화, 그리고 뛰어난 조형성을 미덕으로 듭니다.

: 한옥은 둘레와의 조화, 자연 산수와의 관계에서 결코 모가 나지 않습니다. 한옥의 형태가 그렇고 자리한 입지가 그렇습니다. 한옥의 형태들을 보세요. 도에 넘치지 않는 적당한 규모에 형태 하나

하나가 얼마나 부드럽습니까. 결코 주변을 압도하는 위압감이나 식상함을 가져오지 않지요. 자연 속에 스며들어, 자연의 일부가 됩니다. 그런 공간에서 사는 사람의 마음에 평안이 스며들지 않는다면 오히려 이상하겠지요. 우리 조상들이 살아온 순리적 삶이 반영된 모습입니다.

현대인들의 거친 일상의 모습을 생각해 볼 때 생활공간으로서 한옥의 수용은 절실합니다. 한옥을 현대적으로 변용할 때 보존해야 할 가치들을 꼽는다면 어떤 것들이 있을까요?

: 정신적 가치와 자연환경과 잘 적응한 과학적 요소, 민족적 미학 기준에서 창출된 절제된 아름다움 즉 외관을 도입하고 계승해야 합니다. 소통의 문화를 가져오는 마당의 요소는 어떤 형태로든지 도입됐으면 좋겠고요. 한옥의 가능성은 어떤 기능이라도 수용할 수 있는 변용력(變容力)에 있습니다. 집 속에 녹아 있는 우주적 기운, 시대의 미학이 스며든 디자인 등에 대해 천착해 볼 필요가 있는 것이죠.

한옥을 생활 속으로 불러내기 위해서 구체적으로 어떤 작업들이 필요할까요?

: 한옥과 아파트가 만날 수 있는 새로운 한옥 정형에 대한 논의가 부족합니다. 국민들의 주거의식이 아직 성숙되지 못한 것도 한 이유이겠지요. 이제 전문가들이 답을 내놓아야 합니다. 그래서 누

구나 수긍할 수 있는 현대인들에게 적합한 새로운 한옥의 정형을 가다듬어야 합니다. 변용력을 바탕으로 한 건축 재료의 활용 등 한옥 유전자를 어떻게 일상 속의 집으로 이식할 수 있을 것인가에 대한 연구부터 해야죠.

장인을 길러낸다는 게 쉬운 일이 아닐 터인데, 한 사람 한 사람이 장인으로서의 각성이 필요할 것이고요. 교육이 지향하는 바는 무엇인지요?

: 장인정신의 함양과 창의적 발상을 할 수 있는 능력을 기르는 것을 교육의 목표로 설정하고 있습니다. 시대에 맞는 한옥을 짓되 선조들의 지혜와 조형원리를 계승하는 법고창신(法古創新)을 통해 온전한 목수를 키우려고 하고 있습니다. 기초교육에서는 아름다움을 발견해서 재창조할 수 있는 눈맛 손맛을 중시하죠. 그 다음에 전통건축의 설계원리를 배우고 한옥에 담긴 건축정신을 깨우쳐 표현하는 시공능력을 키웁니다. 이곳에 배우러 오는 이들 모두가 나무와 흙을 좋아하는 심성을 가진 이들입니다. 이들의 좋은 기운을 긍정적 마인드로 담아주기 위해 애쓰죠. 참선과 요가로 하루를 시작하면서 좋은 기운을 통해 왕성한 의욕을 불러일으키고 서로를 배려하는 공동체의식도 키웁니다. 이 시간에는 집이 사람에게 무엇인가를 성찰하면서 초심(初心)을 항상 되새깁니다. 목수는 생명을 다루는 사람입니다. 제대로 직관을 갖춘 목수가 집을 지을 때 그 집에 생명을 불어넣을 수 있습니다. 이런 목수가 집을 지을

때 생명을 보살펴주고 보살핌을 받는 집의 의미, 삶의 질이 성숙된
한옥의 가치가 살아날 것이라고 확신하고 있습니다.

**한옥학교를 운영하면서 새롭게 계획하고 있는 일, 앞으로의 꿈은
무엇인지요?**

: 한옥은 직접 느끼고 익숙해질 때 그 필요성을 절감할 수 있습
니다. 초등생을 대상으로 한 한옥체험학교를 상설화할 것입니다.
폐교를 빌려 한옥문화체험학교를 이번 여름방학에 맞춰 열려고
합니다. 오감으로 한옥을 느낄 수 있는 프로그램을 마련했습니다.
이미 한옥 세 채를 지어 놓았습니다. 그리고 21세기의 한옥의 정형
을 만들어보는 한옥박람회를 여는 그림도 그리고 있습니다. 설계,
시공, 재료 등을 키워드로 하는 전시회를 통해 한옥의 가치를 일반
인들이 발견할 수 있도록 하는 것이지요. 한옥학교에 다양한 한옥
들이 지어지면 자연스럽게 야외 한옥박물관으로 기능하리라는 생
각도 합니다.

**마지막으로 한옥문화의 창달을 위해 어떤 점이 필요한지 말씀해
주세요.**

: 앞으로 한옥문화가 제대로 발전하기 위해서는 몇 가지 과제
가 선결돼야 합니다. 첫째 전문화된 목수조직이 나와야 하고, 둘째
양옥 건재상처럼 곳곳에 한옥 건재상이 있어 시민들이 쉽게 부재
^(部材)를 구입할 수 있어야 합니다. 셋째 한옥문화의 부흥을 위해서

는 세제나 융자혜택 등 국가적 차원의 지원이 필요합니다. 한옥진
흥법 등 제도적 장치가 뒷받침되면 더욱 좋겠고. 무엇보다 전문가
들이 21세기 한옥의 정형화를 위해 다함께 노력해야 합니다. 지극
히 인간적 규모의 민가(民家)에 스며들어 있는 조형정신을 재활용
할 때 현대인의 요구에 부응하는 한옥, 오늘날의 시대정신을 담아
내는 '살림집'이 가능하리라고 봅니다. 머리를 맞대 한옥의 새로운
길을 찾는다면 경제적 집(경제성)을 확보해 내는 방법을 충분히 찾
을 수 있을 겁니다. 이제 한옥을 본격적으로 논의하고 국민들의 공
감을 불러일으켜야 합니다. 한옥에서 살고자 하는 욕구들이 새로
운 문화로 정착될 날을 기대하면서 말이죠.

| 청도 한옥학교

경북 청도군 화양읍 범곡리 야산 2만여 평에 자리잡은 청도 한
옥학교는 목수 양성 사관학교로도 불린다. 지난 2003년 10월에 문
을 연 뒤 현재까지 500여 명의 졸업생을 배출했고, 그중 150여 명
이 현장에서 대목장 일을 하고 있다.

16주에 걸친 목수 양성 과정은 첫 8주는 연장 다루기 설계 등 기
초과정을 배우고, 후반 8주는 건축 시공 등 실무를 본격적으로 배
운다. 교수진은 변 교장을 포함해서 6명으로 짜여 있으며, 창덕
궁 복원 당시 도편수였던 김창희(77) 대목장이 실습교육의 사령탑
을 맡고 있다. 목수 양성 과정은 현재 23기(2008년 6월 30일~8월 24일)
수강생을 모집하고 있다. 수강료는 360만 원. 일반인들을 위한 매

주 토·일요일 12주에 걸쳐 수업하는 스스로 집 짓기 주말과정도 있다. 현재 9월 6일 개강하는 8기를 모집하고 있다. 수강료는 150만 원. 두 과정 모두 수강 자격은 한옥을 사랑하고 건강하며 심성이 넉넉한 사람. 전화 (054)373-8555~6, 홈페이지 http://www.hanokschool.net

*현재 청도한옥학교는 교육 프로그램으로 대목수 양성과정, 한옥 손수 짓기 과정, 체험학습 과정, 단체/기업 연수과정, 퇴직자 연수과정, 한옥포럼 과정, 한옥시공(소목수) 과정 등으로 취재 당시보다 세분화되었다. 3개월 과정의 대목수 양성 과정은 국비지원을 받을 수 있다.

6. 전인·자유교육의 실천장 금산간디학교

● 양희규 교장

촛불을 들고 거리로 뛰쳐나온 10대들은 "잠 좀 자자, 밥 좀 먹자"고 절규한다. 입시일변도, 성적지상주의 교육은 아이들을 약육강식의 전장으로 내몰고 있다. 이명박정부 들어 도를 더한 물량 위주의 교육정책은 교실을 더욱 황폐화시켰다. 우열반 편성, 0교시와 심야 보충학습, 특수고 확대 등으로 아예 학교를 '시험공화국'으로 전락시키고 있다. '미친 교육'이라는 아이들의 절박한 외침을 부정할 수 있을까. 2008년 대한민국의 교육 현실은 교육의 궁극적 목적이 무엇인지를 회의하게 한다.

마른장마 속 기승을 부리는 무더위를 뚫고 충남 금산군 남이면 석동리 금산간디학교를 찾았다. 금산간디학교는 학생 스스로 자신의 길을 완성해 가는 자유교육의 실천 현장이다. 양희규 교장을 오랜만에 만났다. 산청간디학교가 문을 열기 한 해 전 그와 교육 문제를 놓고 밤 새워 토론하면서 강렬한 인상을 받은 적이 있다. 10여 년이 훌쩍 지난 지금도 그는 여전했다. 교육에 대한 그의 열정적 태도와 자유로운 사고는 변함이 없었다. 그 당시보다 더 망가진 우리 교육의 현실을 따지듯 들이대며 답변을 재촉했다.

우리 교육이 잘못 가고 있다는 것은 어제오늘의 이야기가 아닙니다만, 요즘 들어선 교육에 절망한 아이들이 거리로 쏟아져 나오고 있습니다.

: 인생에 정답이 없듯이 교육에도 정답이 없습니다. 하지만 잘못된 교육은 분명히 알 수 있습니다. 오늘의 한국 교육은 아이, 부모, 사회를 모두 불행하게 하는 '나쁜 교육'이 분명합니다. 나쁜 교육은 어린이들에게 마음껏 뛰어놀아야 할 아이다움을 빼앗습니다. 청소년들에겐 진정한 삶과 가치관에 대한 배움의 기회를 박탈합니다. 사교육비 마련을 위해 많은 어머니를 파출부로 내몰고 기러기 아빠를 양산합니다.

도대체 우리 교육의 문제점을 어디서 찾아야 하는지요. 원인을 알아야 처방전을 낼 수 있지 않겠습니까?

: 잘못된 교육을 정부나 교육청, 입시제도의 책임만으로 돌릴

수 없습니다. 총체적인 사회 인식이 교육을 잘못 가게 하고 있습니다. 저는 우리 교육의 문제를 잘못된 정책의 문제와 함께 부모들의 비합리적 이기심에서도 찾아야 한다고 주장합니다. 내 아이만은 좋은 대학에 보내겠다는 과도한 욕심이 문제지요. 상당히 개혁적인 부류의 사람들도 자식의 교육 문제에서만은 앞뒤 꽉 막히는 경우를 많이 봐 왔습니다.

일류대학을 가지 못하면 사회에서 낙오한다는 미신 같은 피해의식에서 원인을 찾을 수 있을까요?

: 그렇습니다. 미래에 대한 근거 없는 불안이 문제입니다. 자녀의 적성이나 개성은 전혀 고려하지 않고 무조건 좋은 대학에 보내기 위해 부모가 더 설칩니다. 근·현대사의 숱한 질곡 속에서 살아왔던 아픈 경험들이 은연중 우리의 뇌리를 짓누르고 있는 것은 아닌가 하는 생각도 듭니다. 얼마 전에 중3 학생 30명에게 물어봤더니 대부분이 앞으로 무엇을 해먹고 사느냐를 생각하는 게 고통스럽다는 답을 한 적이 있어요. 성인사회의 빗나간 현실인식이 아이들에게 그대로 전이된 것이지요. 어쩌면 이것은 교육의 문제가 아니라 사회병리학적인 문제로 다뤄야 되지 않을까 하는 생각까지 듭니다.

우리의 급속한 성장과정에서 불거진 물질만능, 천박해진 사회적 가치관과 문화가 교육에 부정적 영향을 미친 겁니까?

: 한마디로 압축적 성장 과정에서 물신주의가 팽배해졌습니다.
성과가 가치를 판단하는 잘못된 풍토가 교육을 왜곡시킨 것이지
요. 물질에 영혼을 팔았다고 할 수 있을까요, 그것도 우리 사회 구
성원들이 집단적으로. 그러한 것이 우리의 문화를 굉장히 천박하
게 만들었고, 교육에 그대로 반영된 것입니다.

**우리 교육계에 신선한 충격을 주면서 산청간디학교가 출발한 것
이 지난 1997년이지요. 그때 양 교장께서는 아이들이 행복해질
수 있는 방법을 가르치겠다고 했습니다.**

: 제가 보기에 이 땅의 교육은 인간을 성숙시키는 교육이 아니
라 인간을 망치는 압제(壓制)라는 생각이 들었습니다. 폭력적 교육
에 굴종할 수 없다는 생각이 대안교육이란 새로운 길로 들어서게
한 것이지요. 간디학교의 출발은 '행복한 학교'에서부터입니다. 병
든 교육 속에서 망가져가는 아이들에게 행복한 학교는 절실한 것
이라고 믿었습니다. 당시 비인가 학교로 출발하면서 감옥 갈 생각
까지 했습니다. 간디의 불복종(不服從) 정신이 든든한 버팀목이 되
었습니다. 제게 간디의 불복종 정신은 천박한 문화와 교육환경 속
에서 대안문화와 대안교육을 창조한다는 의미이기도 합니다.

**간디학교는 구체적으로 어떤 교육목표, 교육적 이상을 갖고 있습
니까?**

: 교육의 궁극적 목표는 한 인간에게 신체의 건강, 자유로운 정

서와 감성, 지혜를 골고루 길러주는 전인적(全人的) 교육에 있습니다. 그런데 지금의 우리 교육에서는 사랑과 자유를 찾아볼 수 없습니다. 전인적 교육을 위해서는 자유, 즉 자발성(自發性)의 교육과 교사·학생 사이에 사랑이 절실합니다. 서로 존중하고 관용하고, 있는 그대로의 상대를 이해하고 배려할 수 있어야 합니다. 우리 교육에 인격이라는 것은 찾아볼 수 없잖아요. 인격을 전제로 한 교육이 필요성을 절감했고, 현실 속에서 실현하려고 노력하고 있습니다.

제도권 교육에 익숙해진 아이들에게 자율성이란 생소하고 부담이 될 터인데요.

: 타율성에 길든 아이들은 처음 6개월 동안 상당히 갈등합니다. 그러나 대부분 진지하게 새로운 환경을 탐색하면서 적응하곤 하지요. 자율성도 무한자유가 아닙니다. 스스로 책임지는 것을 전제로 하는 자율입니다. 자신이 맡은 일은 자신이 해결해야 합니다. 교과도 아이들 스스로 선택합니다. 그런 과정을 통해서 자연스럽게 자유인의 의지력을 배웁니다. 그게 바로 지혜를 배우는 길이기도 하지요. 자기 발견의 지혜를 통해서 자신과 세상의 문제를 스스로 해결하는 능력을 갖춰가는 겁니다.

공동체적 자율성의 실현은 어떤 과정을 통해서 이루어집니까? '식구총회'에서 주요 의사결정을 한다고 알고 있습니다만……

: 매주 주말께 구성원 전체가 모이는 식구총회를 엽니다. 이곳

의 생활규칙이나 중요한 행사 등은 모두 여기서 결정됩니다. 아주 사소하고 일상적인 일까지 다뤄집니다. 예를 들면 누가 청소를 안 했나, 혹 누가 폭력을 쓰지나 않았나 하는 것들도 논의됩니다. 그리고 자율적인 견책도 결정되고요.

학생들의 흡연 문제를 식구총회를 통해 해결했다는 이야기를 들었습니다.

: 몇 해 전 산청간디학교에서 흡연 문제가 식구총회에 오른 적이 있어요. 학생 세 명에 한 명꼴로 담배를 피웠습니다. 갈수록 흡연자가 늘어나자 아이들 스스로 흡연 문제를 해결하기 위한 규칙을 정했어요. 한 번 적발 땐 교내봉사, 두 번 적발 땐 교외봉사, 세 번 적발 땐 자퇴한다는 엄중한 벌칙을 마련한 것이지요. 선생님들이 나서서 너무 심한 벌칙인 것 같다, 그것을 어떻게 지킬 수 있겠느냐고 조언도 했지만 강행을 했죠. 결과는 좋았습니다, 대부분이 담배를 끊었죠. 저는 그것을 보면서 자발적 결정, 자율성의 효과가 엄청나다는 점을 새삼 확인했죠. 끊기까지 고통스러웠겠지만 학생들은 스스로 명예의 소중함을 깨우친 것이지요.

외국의 대안학교 몇 곳을 둘러본 적이 있습니다. 공통점 중 하나가 노작(勞作)교육, 즉 의식주(衣食住) 교육을 중요시하더군요. 이곳에서는 어떻습니까?

: 교육은 정신과 육체의 균형을 갖춰야 합니다. 그것이 노작교

육을 실시하는 첫 번째 이유입니다. 또 육체노동의 귀중함을 깨우치는 과정에서 계층과 계급의 차별을 없앱니다. 편리함을 추구하는 현대생활 속에서 자연과 조화되는 삶도 추구할 수 있습니다. 이곳에서는 노작교육이 일주일에 3~6시간으로 전체 수업의 4분의 1 정도 할애되어 있습니다. 교과목은 목공, 농사, 원예 옷 만들기, 도자기, 집 짓기 등이 있습니다.

집 짓기가 그렇게 호락호락하지는 않은 작업일 텐데, 어린 학생들에게 그것이 가능합니까?

: 졸업생들의 공동과제로 집 짓기가 있습니다. 숲속작은학교 운동장에 있는 정자나 본관 아래쪽 공간의 벤치 등이 다 졸업생들이 졸업과제로 공동 작업한 것입니다.

교과는 정규학교가 아니라서 상당히 자유로울 것 같은데요. 주로 어떤 과목을 가르치나요?

: 국·영·수 생태학, 인권, 여성, 철학, 심리, 논리학, 시사 문제 등이 개설되어 있고, 이들 과목에서 학생들이 선택해 수업합니다. 또 교과목의 신설 등은 학생들의 의견이 반영됩니다. 가령 이번 학기에 영화과목을 듣고 싶다는 공론이 나오면 영화과목을 신설하죠. 교사는 전문가를 초빙해서 수업합니다.

10년 전쯤 영국 하트랜드의 '작은학교(Small School)'를 취재

한 적이 있는데요, 교과 절반 이상이 지역사회의 전문가 학부모들이 나서서 수업을 하더라고요.

: 이곳도 마찬가지입니다. 현재 윤리 수업, 원예 수업, 제과제빵 수업 등은 지역주민이나 학부모가 맡아 하고 있습니다. 지역사회는 바로 학교의 토대이자 울타리입니다. 그것이 우리 학교 또 하나의 모토이기도 하고요. 지역 주민들과 원활한 관계, 상호 협조하는 관계를 구축하고 있습니다. 작년에 이곳에 정착하면서 학교 주변에 30여 세대의 '금산숲속마을'도 만들어지고 있습니다. 학교의 울타리를 넘어 지역사회의 문화, 역사, 경제적 자원을 교육적으로 적극 활용하자는 겁니다. 지역사회를 바탕으로 할 때 이론과 삶이 통합되는 교육을 할 수 있습니다.

학교 차원에서 기업적인 구상도 하고 있는 것으로 알고 있습니다.

: 최근 들어 교육적 여행을 위한 기업을 추진하고 있습니다. 졸업생들이 중심이 돼 사회적기업을 만드는 것이지요. 재학생들도 인턴으로 활동하고요. 참 우리 학교 학생들은 2~3학년 때 지역 기업이나 단체 등에서 1~6주간씩 인턴십 활동을 하고 있습니다.

간디학교의 특징 중 하나를 들라면 교권의 중심이 교사라는 것을 꼽을 수 있을 것 같은데요.

: 교사공동체라는 협의체가 인사, 재정 문제까지 다 결정합니다. 학교장이 결정한 사항도 교사회의에서 거부권을 행사할 수 있

습니다. 그래서 간디학교는 '교사공화국'이라고 하지요. 바람직한 것 아닙니까. 물론 교사들이 경영 마인드와 사회 경험이 부족하기 때문에 자문역의 이사회는 두고 있습니다. 이사회는 졸업생 학부모가 주축이 되어 구성됩니다.

지난 10년간 간디학교를 통해 대안교육의 성과를 말씀하신다면?

: 좌절도 있었습니다만 성과도 많았지요. 간디학교가 앞장서서 대안교육의 틀을 일정 수준 구축했다는 점을 들 수 있겠습니다. 또 사랑을 바탕으로 한 교육의 기초를 닦았다는 점을 이야기할 수 있겠군요. 사랑과 신뢰의 관계를 구축한 것은 우리 교육문화에 큰 변화를 준 것이라고 생각합니다. 자유교육 역시 우리 교육에 새로운 지평을 열었다고 할 수 있겠지요.

무엇보다도 같은 교육철학을 바탕으로 다양한 교육 모델을 만들었다는 데도 큰 의미를 둘 수 있겠지요?

: 예 제천간디학교는 지역사회의 참여형, 금산은 자유교육의 모델, 산청은 공교육에 대한 대안모델로 상정할 수 있습니다. 특히 산청중학교는 자기주도적 학습 모델로 관심을 모으고 있습니다.

자기주도적 학습이라니 매우 실험적 교육 방법 같은데요. 어떤 교육 모델입니까?

: 1 대 1 프로젝트 수업이라고 할 수 있지요. 학생 스스로 학

습목표를 결정하는 겁니다. 학생의 개인 프로젝트가 바로 수업인 것이지요. 철저하게 자기관심에 기초한 학습이라고 볼 수 있습니다. 가령 식물 연구, 경찰관 일상에 관한 연구, 공룡 연구, 신체근육과 뼈대에 관한 연구, 수학증명에 대한 연구 등 스스로 학습 분야를 정합니다. 그리고 자기주도적으로 집중 학습하는 겁니다. 한 학기에 두 번 발표회를 갖는데, 일주일씩 진행됩니다. 그때는 그동안 자기가 연구한 결과를 부모와 지도교사 등이 참석한 가운데 발표합니다. 멘토링을 통해 지역사회의 전문가 등이 길잡이교사의 역할을 해줍니다.

구체적 사례를 들어주시죠.

: 한 여학생의 경우 경찰관 일상에 대한 것을 학습 목표를 삼았는데, 두 달 간 아침부터 저녁까지 파출소로 출근해 경찰관들의 일거수일투족을 관찰하고 기록합니다. 부모가 그 모습을 보고 공부하러 보냈는데 엉뚱한 짓을 한다며 아이를 자퇴시키려고 했습니다. 저희들은 일단 지켜봐 달라고 했었죠. 몇 달 뒤 아이가 중간발표를 하는 모습을 보고 부모가 눈물을 흘리며 감동한 일이 있습니다.

앞으로의 과제나 특별한 계획을 갖고 있다면?

: 지난 10년 동안 나름대로 대안교육의 틀을 만들었습니다. 이제는 재정적으로 안정적 구조를 만드는 것이 중요합니다. 비인가

라서 많은 학비도 받지 못하고, 어려운 학생도 일정 부분 수용해야 합니다. 재정적 자립구조를 만드는 게 급합니다. 슬로라이프센터 등을 통해 소비자와 생산자에게 도움을 주는 프로그램을 개발하려 합니다. 체험교육장, 대체에너지사업 등도 생각하고 있습니다. 몇 해 전 설립한 대안교육센터를 통해 대안교육의 연구개발과 활성화에도 힘을 기울이고 싶습니다.

마지막으로 제대로 된 교육개혁을 위해 한 말씀 해주시죠.

: 교육만큼 개혁하기 어려운 부분도 없습니다. 진보적인 사람도 교육만큼은 보수적으로 돌아섭니다. 지식교육, 입시에만 매달리는 퇴행적 교육으로는 우리 미래가 어둡습니다. 전인교육이 절실히 요청되는 시대입니다. 아이의 선택과 개성을 살리는 전인교육, 자유교육으로 우리 교육의 가능성을 열어야 합니다. 최근 산청 간디학교는 변질됐다는 지적도 많이 듣습니다. 제도권에 편입됐다는 이야기죠. 어떤 면에선 교육만큼 위험한 것도 없습니다. 조금이라도 틈만 보이면 주류문화가 침투해 옵니다. 이곳의 자유교육, 전인교육의 결과는 10년 뒤쯤 확인할 수 있을 겁니다. 그때 이 학교 출신 졸업생들이 어떻게 살아가고 있는가 하는 것으로 입증될 것입니다.

7. 아이와 농촌, 생명을 살리는 생태유아교육

● 임재택 교수

한 사회의 교육을 통해 그 사회가 가진 총체적 모습을 바라볼 수 있다. 그 사회의 역량과 문제가 교육에 고스란히 묻어나기 때문이다. 그렇다면 우리의 교육현실은 어떤가. 아이들에게 삶의 행복을 구할 수 있는 지혜를 가르치고 있는가, 이웃과 함께 살아갈 민주시민으로서의 품성은 제대로 키워주고 있는가. 유감스럽게도 우리의 교육은 어느 것 하나 제대로 하지 못한다. 과정보다 성과에 매달리는 사회풍토 속에서 교육은 스스로의 존재 가치를 외면하고 경쟁에서 이기는 수단만 아이들에게 강요한다. 모든 가치가 개발과 성장, 자본과 경쟁의 논리로 귀결되는 시대에 교육이 왜곡되는 것은 당연한 결과인지도 모른다.

부모들이 자식을 약육강식의 전장으로 내몰고 있는 이 비극적 현실을 어떻게 받아들여야 할까. 맘껏 뛰놀고 친구를 사귀며 사회성을 처음 배우는 어린아이들까지 무차별 경쟁으로 내모는 오늘의 교육현실. 신자유주의 물질만능의 가치에 매몰된 우리 사회의 단면을 그대로 드러내고 있다. 지난 10여 년간 생명과 생태적 가치관에 입각해 새로운 패러다임으로서 생태유아교육의 길을 개척하고 실천해 온 부산대학교 유아교육과 임재택 교수를 만났다.

자식을 가진 부모로서 우리 교육에 대해 늘 회의해 왔습니다. 아이들을 인간으로 기르는 것이 아니라 경쟁의 도구로 만드는 성과 위주의 교육현실을 바라보면서 가슴이 답답했습니다. 교수님께서는 우리의 유아교육을 '양계장 닭' 키우듯 한다고 하셨는데 전적으로 동감합니다.

: 우리의 교육에 대해 할 말이 많습니다. 하지만 제가 공부해 온 유아교육에 한해서 말씀을 드리겠습니다. 한마디로 위태위태하기 그지없습니다. 오늘 우리의 유아교육은 아이들의 천성을 잘 살리는 것은 고사하고 아이들을 병들게 하고 있습니다. 아이들 먹이고 가르치는 것을 보면 마치 양계장 닭을 키우듯 합니다. 닭에게 성장제 주고 항생제 먹이는 것과 같은 일이 벌어지고 있습니다. 기성세대의 도에 넘친 욕심이 아이들을 망치고 있는 겁니다.

거칠고 열악한 교육현실 속에서 생태유아교육의 필요성이 더욱 절실하겠습니다. 생태유아교육의 이론적 배경은 생명사상과 생태주의 등에서부터 출발한 것으로 알고 있는데요.

: 생태유아교육은 잘못된 교육현실에 대한 반성에서 출발합니다. 생태유아교육의 목적은 산업문명의 최대 피해자인 우리 아이들의 병든 몸과 마음, 영혼을 살리자는 데 있습니다. 생명사상과 생태론적 세계관에 바탕을 두고, 자연 친화적인 교육을 통해 아이들을 자연의 순리대로 잘 자라도록 돌보고 기르자는 것입니다.

평소 '아이들을 모신다'는 말씀을 하시는데, 이 또한 생태유아교육의 특성을 반영하는 것 같습니다. 아이를 한울님처럼 받드는 것은 남녀노소 빈부귀천 관계없이 생명을 가진 어느 누구도 존귀한 존재라는 것이겠지요?

: 사람과 자연, 사람과 사람이 공생하고 아이들이 행복한 세상을 지향하는 이화(理化)세계를 생태교육을 통해 실현하려고 합니다. 천지인(天地人) 3재를 바탕으로 한 천인합일 사상은 단군의 사상입니다. 근대 들어 수운 선생께서 '사람이 곧 하늘이다'는 동학사상으로 발전시켰습니다. 모든 생명체는 하나이고 지극한 생명의 기운을 갖고 있다는 것입니다. 그중에 사람, 어린아이의 경우 부드러운 생명의 기운이 통하고 있습니다. 어린아이는 모심과 살림의 대상입니다. 어린이를 한울처럼 받들라는 것은 생명의 귀중함을 말하는 것입니다. 나아가 인간 중심의 이데올로기를 벗고 천지만

물이 하나라고 가르쳐야 합니다. 공존하고 공생하는 길을 어릴 적부터 깨우쳐주자는 겁니다.

슈타이너 교육이념에 의해 운영되는 서구의 발도로프학교 등에서도 생태적 유아교육을 중시하고 있는 것으로 알고 있는데요.

: 유럽과 일본의 경우 유아교육에 많이 신경 쓰고 있습니다. 일본의 경우 유아교육 기관 90%가 아이들을 양계장 닭이 아니라 토종닭처럼 키우는 '자유보육(自由保育)'을 합니다. 아이들은 실내에서는 거의 생활하지 않고 바깥에서 놉니다. 유럽도 마찬가지입니다. 아이들은 바깥에서 놀면서 자연과 교감하는 게 중요합니다.

언제부터 생태유아교육에 관심을 갖게 되셨는지요?

: 1987년 6·29, 88년 올림픽을 기점으로 아이들이 병들고 있다는 경고음이 나오기 시작했습니다. 맥도날드, 코카콜라가 본격적으로 상륙하고 식문화가 서구화되면서 적신호가 나타난 겁니다. 아이들의 정신과 몸, 마음에 병이 오고 있다고 판단했고, 아이들을 이런 환경 속 방치하면 우리의 미래가 없다고 생각했습니다.

우리가 서구사회에 본격적으로 문을 열면서 그런 현상들이 물밀듯이 몰려온 것이지요. 도대체 아이들에게 구체적으로 어떤 일들이 생긴 겁니까?

: 1990년대 초반부터는 아토피 피부염이 집단적으로 발생했습

니다. 유아비만 문제도 그때부터 시작됐습니다. 지금은 10명 중 3명이 비만으로, 유전형질의 변형이 일어나지 않을까 하는 염려가 들 정도입니다. 또 정서와 행동, 성격장애도 급증하고 아이들이 정신이 흐려지고 난폭해지는 경우가 많아졌습니다.

잘못된 식문화, 주거문화 등으로, 아이들이 자연으로부터 단절되면서 많은 문제점을 노출시키고 있다고 하셨는데요.

: 엉터리 같은 식문화, 주거문화로 어린아이들은 순수, 자연, 천진난만, 개구쟁이 등 자연의 본성을 잃어버렸습니다. 아이들이 자연과 차단돼 생명의 결대로 살지 못하면서 일어난 일입니다. 먹는 문제를 살펴봅시다. 원래 우리 민족은 농경민족이었습니다. 전통적으로 채식을 해왔고요. 채식으로 장이 길기 때문에 체형도 상체가 길고 하체가 짧습니다. 육식문화의 서양인들은 장이 짧아서 상체가 짧고 하체가 깁니다. 그런데 요즈음 우리 아이들은 서구적 체형으로 바뀌고 있지요. 올림픽을 기점으로 우리의 식문화도 육식으로 바뀐 것입니다.

음식을 중시하는 이유를 알겠군요. 생태유아교육은 유기농 농산물을 쓰고 있는 것으로 알고 있습니다.

: 아이들에게는 먹을거리가 매우 중요합니다. 제 욕심이지만 채식으로 순화되면 좋겠습니다. 무엇보다도 농약과 비료, 성장제와 항생제에 오염된 음식을 어린이들에 먹일 수 없다고 생각한 것

이 친환경 유기농산물을 먹이게 된 배경입니다. 친환경 음식물을 먹을 때 아이들의 몸과 마음이 살아나고 농촌도 살아납니다. 아이와 농촌과 생명을 살리자는 것이 생태유아교육의 궁극적 목표입니다. 우리는 하루 이틀 살고 말 민족이 아닙니다. 그런데 안타까운 것은 남쪽은 물질문명의 왜곡으로 사람이 황폐화되고, 북쪽은 영양실조로 인해 유전형질이 바뀌고 있다는 사실입니다.

아이들에게 유기농 식단을 제공하려면 경제적 부담이 클 텐데요.

: 유기농식품을 사용할 경우 한 달에 한 아이에게 1만 원 정도 더 듭니다. 전남의 경우 친환경농산물을 전 학교에서 먹이도록 하고 더 들어가는 차액은 도에서 지원해 줍니다. 원주와 서울 일부 지자체에서도 급식조례를 제정해서 아이들에게 안전한 먹을거리를 지원합니다. 부산은 학부모를 중심으로 추진하고 있지만 당국에서는 아직 관심을 보이지 않습니다.

음식 문제는 비단 유치원뿐만 아니라 가정에서부터 문제입니다. 30, 40대들의 음식관이 황폐하게 된 연유는 앞에서 살펴봤습니다. 아이를 통해 가정의 식생활을 개선한 사례는 없습니까?

: 현재 유아를 가진 부모들은 아토피가 등장할 당시 어린이들로 경제개발 혜택(?)을 온몸으로 받았습니다. 햄, 소시지, 빵, 우유를 본격적으로 먹기 시작했고 햄버거, 피자 등 패스트푸드에도 익숙합니다. 이제 부모가 된 그들은 자신들의 식습관대로 애들을 키

웁니다. 형편없는 음식들을 아무 거리낌 없이 아이들에게 줍니다. 물론 생태유아교육을 통해 철저하게 친환경 식단으로 바꾼 부모들도 있습니다.

생태유아교육 프로그램을 공유하고 유기농 식단을 보급하기 위해 생태유아교육공동체를 운영하고 있다지요?

: 생태유아교육의 효율적 전파를 위해 공동체를 만들었습니다. 생태유아공동체는 유치원 어린이집에 생태유아교육 프로그램을 보급하고 친환경 먹을거리를 제공합니다. 현재 부산에 100여 곳, 울산에 40여 곳이 연대하고 있습니다. 수도권, 대구, 경북, 광주, 제주 등에도 생태유아공동체가 조직되어 있고 대전과 전북도 추진 중입니다. 날이 갈수록 늘어나고 있지만 여전히 대다수는 일반 유아원입니다. 자본의 논리에 매몰돼 생태유아교육에 대한 인식이 부족하기 때문입니다. 현재 우리는 칼로리영양학을 채택하고 있는데, 하루 빨리 생태영양학으로 바꾸어야 합니다. 칼로리영양학은 칼로리만 채우면 그것이 어떤 음식인지 신경을 쓰지 않습니다. 이것을 개선하면 많이 바뀌리라고 생각합니다.

부산대 부설어린이집에 대한 이야기로 넘어가죠. 생태유아교육 실천의 장이 바로 부설어린이집 아닙니까? 이곳에서는 우리의 전통에서 많은 것을 배우는 교육을 실시하고 있다고 들었습니다만……

: 조상들의 삶을 통해 배우는 것은 참으로 많습니다. 우리도 어릴 때 그렇게 커오지 않았습니까. 부설어린이집은 '자연의 순리대로 조상의 지혜대로 아이 키우기'란 캐치프레이즈를 내걸고 있습니다. 자연과 함께 아이를 키웠던 것이 조상들의 지혜였습니다. 그런데 현대인들은 자연을 떼어내고 인위적으로 아이를 키웁니다. 그러면서 많은 문제가 생겨났습니다. 우리의 세시기(歲時記)는 자연의 이치와 조상의 지혜가 잘 조화돼 있습니다. 세시기를 아이들에게 재현해 가르치고 있습니다. 설-정월대보름-삼월삼짓날-한식-단오-추석-동지행사 등을 연중 실시하면서 아이들이 체험할 수 있게 합니다. 보름행사를 예로 들어보죠. 아이들이 산에서 산책하면서 나뭇가지를 가져와 달집을 만듭니다. 반별로 재래시장에 가서 부럼을 직접 삽니다. 부모들이 함께 참여해 오곡밥을 짓고 소지(燒紙)를 쓰고 덕담을 나눕니다. 유아교육부터 전통적 세시풍속을 가르쳐야 아이들에게 온전한 한국사람 DNA가 쌓입니다.

그 밖에도 생명, 생태적 관점에서 많은 프로그램을 개발했다고 알고 있는데요.

: 지난 십여 년간 열댓 종류의 프로그램을 개발했습니다. 산책, 바깥놀이, 텃밭 가꾸기, 명상, 몸짓놀이, 손끝놀이, 절제·절약(마음절제 몸절약), 생태적 식생활, 생태미술, 자연건강, 생명밥상 프로그램 등을 개발해 매뉴얼로 만들었습니다. 가령 텃밭 가꾸기는 아이들에게 아주 귀한 경험이 됩니다. 밭을 한 고랑씩 반별로 나눠서 고

추나 상추를 심을 때는 부모나 할머니 할아버지도 함께합니다. 아이들 스스로 물 주고 거름 주면서 자연스럽게 생명과 교감을 나눕니다. 수확 때는 한바탕 잔치마당이 벌어집니다. 이런 교육을 통해 아이들은 기가 살아납니다. 감성도 풍부해지고요. 그림을 그리게 해보면 놀라울 정도로 생태적인 그림을 그립니다.

자연 속에서 놀이 중심으로 교육을 하면 감성뿐만 아니라 신체적 발달도 도모할 수 있겠지요.

: 이곳 부설어린이집 출신 70%가 장전초등학교로 진학하는데, 운동회 때 선수들 거의가 이곳 출신 아이들입니다. 또 창의력, 독창적 아이디어, 예술적 감각 등이 표준보육을 받은 아이들보다 훨씬 뛰어납니다.

제도적 차원에서 우리 유아교육의 문제점들을 짚어보지요. 우리 유아교육의 이론적 토대는 미국에서 받아들였다고 하는데요.

: 한국 유아교육은 한마디로 국적 없는 변종입니다. 제도는 일제(日製)를 답습하고 내용은 미제(美製)입니다. 교육계 원로들 거의가 미국에서 공부했습니다. 그들이 귀국해 우리 유아교육의 틀을 짰습니다. 한국 유아교육은 처음부터 우리 고유의 토양을 무시한 채 출발했습니다. 아이들만 국산인 셈입니다.

현재 유아교육기관 대부분이 표준보육을 채택하고 있습니다. 표

준보육의 현장은 어떤 모습입니까?

: 대부분 유아교육기관이 교실 안에 아이들을 가둬 키웁니다. 선행학습, 영어교육 등에 몰두합니다. 자연과 차단당한 아이들은 놀이와 아이다움을 잃어버렸습니다. 애어른이 되고 영악해지고 난폭해졌습니다. 좁은 교실 안에서 활동을 제약당한 아이들은 하루 종일 고자질만 한다고 합니다. 재가 어쨌어요, 재는 또 어쨌고요…… 교사는 끝없이 조용해라고 목소리를 높이고요. 아이들은 자연 속에서 자기 팔 자기가 흔들고 놀아야 합니다. 그래야 스스로 행동하고 스스로 생각할 수 있습니다. 유아교육은 아이들의 5감각을 스스로 운용하도록 가르쳐야 하는데, 우리의 현실은 전혀 그렇지 못합니다. 아이들에게 필요한 것은 지식교육이 아니라 지혜육(智慧育)입니다.

양산캠퍼스에 생태유아교육시설과 관련한 계획을 갖고 계신 것으로 알고 있습니다만……

: 아이를 살리는 교육은 부모, 공기, 자연 모든 게 살아나야 가능합니다. 부산대 부설어린이집은 지난 1993년 종합보육연구센터로 세워져 교사 양성 연구 실습기관까지 겸하고 있습니다. 여기서 유아생태교육의 싹을 키웠습니다만 공간 자체는 반생태적입니다. 시멘트 소재에 모양도 직선만으로 이뤄져 삭막합니다. 현재 BK21의 지원을 받아 지속가능사회를 위한 생태유아교육센터를 양산 제2캠퍼스에 건립합니다. 물론 생태적으로 지을 겁니다.

앞으로 생태유아교육을 전망해 본다면……

: 생태유아교육은 학회에서 학문적 연구를 하고, 부설어린이집을 통해 실험하고 실천하고, 공동체를 통해 사회 속으로 확산합니다. 무엇보다 다행인 것은 전국 대학의 유아교육과에서 생태유아 관련 강좌수가 해마다 늘어나고 있다는 점입니다. 또 교육 현장에서도 생태유아교육에 대해 많은 관심을 갖고 있습니다. 부모들도 그렇고요. 이런 분위기가 어린아이를 제대로 키울 수 있는 토대가 되리라 믿습니다.

8. '실사구시 장인' 길러내는 녹색대학

● 허병섭 대표선생

함양읍에서 녹색대학으로 가는 길, 온통 녹색 물결이었다. 짙은 녹음을 흩뿌리는 가로수들, 차창으로 생명의 아우성이 쏟아져 내린다. 함양군 백전면 면사무소를 끼고 오른쪽으로 고개를 돌리면 '피어라 녹색대학' 학교 안내판이 보인다. 100여 m 올라가니 옛 백전중학교 자리에 녹색대학이 모습을 드러낸다. 풀들이 융단처럼 깔린 운동장을 가로질러 낡은 교사로 들어섰다. 허병섭 대표선생은 회의 중이었다.

현관 입구 왼쪽, 유리벽으로 내부가 다 들여다보이는 응접실. 먼지가 풀썩 날 것 같은 낡은 소파와 탁자, 그리고 그 위에 며칠 지난 빛바랜 신문이 놓여 있었다. 낡았다는 것, 귀찮고 남루하게 생각하던 것들이 편안하게 느껴졌다. 얼마쯤 시간이 흘렀을까, 짙은 잿빛 생활한복 차림의 허병섭 선생이 들어선다. 이미 목소리로 짐작했지만 작은 키에 살점이 없는 몸피, 일흔을 바라보는 나이답지 않게 몸짓이 날렵해 보인다. 조용하고 수줍음을 타는 듯한 첫 인상과 달리, 인터뷰를 시작하자 그의 나지막한 목소리는 운율을 타기 시작했다.

지난해 녹색대학 재생 프로젝트를 시작했다고 들었는데, 그 중심에 서서 어깨가 무겁겠습니다.

: 누군가 맡아 해야 할 일 아닌가요. 개교 이후 쌓여 온 여러 문제들이 돌출되면서, 어려운 지경에까지 이르렀습니다. 그래서 작년에 샘과 물들이 이대로는 안 되겠다, 변화를 통해 새롭게 출발하자며 마음을 모았습니다(녹색대학은 선생을 샘, 학생을 물이라고 부른다. 샘은 그 품에서 물을 맑혀 세상으로 흘려보낸다).

지난 2003년 개교할 때만 해도 사회적으로 상당한 주목을 받았잖습니까?

: 그랬습니다. 개교 첫해 학부에 37명, 대학원에 50명이나 지원했습니다. 대안을 갈망하는 당시의 시대적, 사회적 분위기에 힘입어 순조롭게 출발한 셈이죠. 나중엔 그것이 오히려 부담으로 작용하게 됐지만요.

개교일이 4월 5일, 식목일인데 특별한 의미가 있는지요.

: 녹색대학의 교육목표가 병든 문명을 치유하는 나무 같은 인재를 기르는 것입니다. 나무는 남을 위해 자신의 모든 것을 줍니다. 이곳 출신들이 세상의 나무 같은 역할을 했으면 하는 바람에서 식목일을 개교일로 택했지요.

어떤 교과과정보다 개인의 영성적 삶, 영성적 깨우침을 무엇보다 중요하게 생각하는 것 같은데요.

: 그렇습니다. 근원으로 돌아가자는 이야기입니다. 정신없이 돌아가는 현대문명 속에서 인간, 자연, 삶……, 그 본질이 무엇인지 돌이켜보자는 거지요. 세상은 신자유주의 물결이 넘치며 인간의 욕망을 증폭시키고 있습니다. 하지만 그 와중에 사람들은 자기 정체성과 거리가 멀어지고 사회는 자기분열적으로 질주합니다. 끊이지 않고 일어나는 비극적이고 폭력적인 사건들을 보십시오.

영성이라는 게 종교적 교의와는 관계없는지요?

: 특정 종교에 국한된 것은 아닙니다. 우리가 회복해야 할 영성적 삶은 조상들의 자연친화적 삶, 인디언의 영성적 삶이 될 수도, 무위자연이 되기도 합니다. 결국 공생(共生)으로 가는 길, 나와 남이 평등한 관계를 회복하기 위한 정신적 토대입니다.

공생이라는 것이 단순히 인간과 인간과의 관계만은 아니잖습니까?

: 만물이 다 평등한 관계라는 인식에서 출발합니다. 인간과 인간, 자연과 인간, 인간과 사물, 모든 관계의 조화가 공생입니다. 저 마당의 풀 한 포기도 우리와 같은 생명이라는 것입니다. 아울러 서로가 도구적인 관계가 아니라 존재론적인, 본질적인 공생 관계라야 하지요.

그럼 공생 관계, 조화로운 삶의 회복을 위해 무엇을 해야 하나요?

: 말로만, 생각으로만 공생한다고 해서는 안 됩니다. 여기에는 실천이 따라야 합니다. 그 실천은 바로 노동입니다. 이때 노동은 생산의 수단, 생산의 증대를 의미하는 것이 아니라, 바로 생명 그 자체를 품어내는 것이지요. 단순히 상품을 생산하는 것이 아닙니다.

학교 이야기로 돌려봅시다. 재생 프로젝트가 추구하는 것은 무엇입니까? '실사구시(實事求是) 장인'이 교육목표라고 알고 있는데요.

: 맞습니다. 실사구시 장인의 1차적 목적은 대안적 일자리의 창출입니다. 그것은 현대문명의 병폐를 극복한 주체적 일자리지요. 대학이나 제도권 교육이란 것이 메커니즘 속에서 거대한 기계의 부품을 생산하는 곳이고, 일자리는 그 부품 역할을 한다고 볼 수 있습니다. 하지만 실사구시 정신을 담은 장인은 주체적이고 생태적 이념과 가치를 실현할 수 있는 일자리를 목표로 합니다. 물질만능의 문명 속에서 농사, 식품, 건축 등을 통해 영성적, 생태적 상품

을 만들어내는 작업이 절실하고, 그 작업을 하는 인재를 기르는 것
또한 중요합니다.

상품과 제품에도 영성이 있을 수 있습니까?

: 제품 이면에 스며들어 있는 가치, 또 생산과정이 얼마나 자연
친화적인가 등으로 영성을 판단할 수 있을 것입니다. 그것은 거대
기계문명과 그 부품에서 나오는 것이 아니라, 온전한 자연과의 조
화로운 관계 속에서 만들어져 나온 것이겠지요.

**녹색대학은 함양 백전 일대를 생태문화적인 공간으로 설정하고,
배운 기술 지식 학문을 지역주민과 함께 펼쳐나가고 또 그들과 함
께 나눈다고 들었는데요.**

: 문화라는 것이 무엇입니까. 종교든 생활이든 지역을 중심으
로 전래되어 온 뿌리 같은 존재가 문화입니다. 신앙적 규범에서부
터 농사짓고, 집 짓고, 옷 만들고, 음식 만들고, 똥 누고 거름 내는
것까지 생활 자체가 문화입니다. 종교에서 놀이문화까지 우리 삶
을 포괄하는 모든 것, 그래서 그것을 조화 있게 만들고 되살려 내
고 두레(공동체)를 회복하는 것입니다. 우리는 지역주민들과 함께
그러한 문화를 만들어내려고 하는 것이지요.

**그러면 녹색대학이 꿈꾸는 대안은 전통문화 속의 공동체와 생태성을
찾아 재생하는 것이 1차적 목표가 된다고 보면 되는지요.**

: 그렇다고 볼 수 있습니다. 상품 속에 내재(內在)된 가치가 생태적이고, 자급자족하는 그런 공동체가 이상향입니다.

청미래마을이 녹색대학의 이상을 실현하는 전초기지 내지는 현장의 역할을 한다고 할 수 있습니까?

: 개교와 함께 뜻을 같이한 이들이 인근에 야산을 매입해 마을을 만들기 시작했습니다. 공부는 교실 안에서 하는 것이 아니라 현장에서 배우는 것이고, 그 모델로 청미래마을을 상정한 것이지요. 그러나 생산공동체가 전제되지 않은 태생적 한계가 있었습니다. 일곱 세대가 이주해 왔지만 생활 방편을 찾지 못한 게 문제였습니다. 시행착오 끝에 두 가구가 남아 정착에 성공했습니다. 지금은 전업농(專業農)이 되어 자급자족의 상태에 다다랐습니다. 비싼 수업료를 낸 셈이지요.

무엇보다 지역주민들과의 관계가 중요한 것 같습니다. 주민들 속으로 지역 속으로 잘 스며들기 위해 특별히 애쓰는 일은 없는지요?

: 졸업생들이 이곳에 정착하고 물들의 일부가 주민들과 함께 살면서 지역화되어 가고 있습니다. 물론 우리가 주장하는 생태적 가치가 오랫동안 관행농업(慣行農業)을 해온 주민들에게 잘 이해되지 않는 것도 현실입니다. 간혹 불편한 관계가 생기기도 하지만 상호 이해의 폭을 넓히고 관계가 나날이 돈독해지고 있습니다. 수확철에는 농민들이 먼저 도움을 요청하는 경우가 많습니다. 우리도

동네주민을 모시고 잔치도 하고…… 앞으로 주민을 주체로 내세워 섬기고 봉사하는 활동을 통해 동화돼 나갈 것입니다.

학교가 비인가(非認可)인데 여러 모로 불편함이 많겠습니다.

: 그것이 우리의 한계이자 희망이기도 합니다. 제도권에 편입되지 않음으로써 우리의 이상, 꿈을 좀 더 활력 있게 자유롭게 가져갈 수 있지요. 물론 재정 문제 등에선 한계로 작용하지만.

교과과정은 어떤 게 있고, 어떻게 운용되고 있는지요?

: 전반부 2년간은 생태이념과 관련된 기초학문, 영성을 수련합니다. 사회읽기, 자연읽기, 인간읽기, 문화읽기 등 통합과목을 외부 전문가들로 이루어진 참여샘들을 통해 수준 높은 토론으로 수업이 진행됩니다. 그 뒤 2년간은 공방(工房)수업을 합니다. 공방은 노동의 가치, 생태적 가치, 대안적 가치를 창조하는 공간이지요. 공방수업을 통해 서로가 논리적으로 설득하고 영성을 확인하고 감동을 얻습니다. 그런 과정을 통해 생태문화공간을 창조하는 데 참여하기 위한 본격적인 기술을 배우는 것이지요. 중요시하는 것은 역시 통합수업인데, 가령 목공수업의 경우 나무의 내력부터 문화인류학적인 배경, 나무를 이용한 구체적 기술 습득까지 다 다루죠. 공방수업부터는 등록금을 내지 않습니다.

현재 어떤 공방이 있습니까?

: 물들이 모여 발제와 워크숍 등 깊은 논의 과정을 거쳐서 최종적으로 샘들과 어떤 공방을 만들 것인가를 조율합니다. 지금은 생태건축공방, 소목공방, 설계공방, 식품공방, 약초공방 등이 있습니다.

어려운 재정을 어떻게 꾸려나가는지 궁금합니다.

: 학교 구성원으로 샘과 물, 그리고 직원인 여울 등 30명이 넘습니다. 한 달 예산은 500여만 원인데, 믿겨지지 않을 것입니다. 도시의 중산층 가정의 한 달 가계 규모지요. 무척 어렵지만, 생태적 삶이란 것이 굳이 많은 돈이 필요하지는 않습니다. 물론 좋은 교육환경을 만드는 데는 부족함이 크지만요. 예산 대부분은 '녹지사'라고 녹색교육을 지원하는 사람들이 내는 기부금입니다. 현재 500명쯤 되는데, 한 2000명만 되었으면…… 더 애써 봐야 할 것 같습니다.

함양군 백전면을 생태적 기반으로 한 녹색대학은 끊임없는 자기혁신과 주체적 노동을 통해 거친 세상에 온전한 생태문화공간을 되살리는 작지만 큰 작업을 하고 있다. 학교 곳곳에 그들의 열정이 스며든 실험공간인 공방이 서부 개척시대를 방불하게 하며 활기를 불어넣고 있었다. '지금, 여기'라는 현실을 딛고 굳건하게 발돋움하는 녹색대학의 샘물들, 비록 그 숫자가 적지만 그들의 뜨거운 열정과 헌신은 새로운 삶의 모델을 만들어내고 있다. 작별

을 고하고 돌아 나오는 운동장으로 5월의 찬란한 햇살이 일어서고
있었다.

*허병섭 선생은 안타깝게도 갑자기 들이닥친 불의
의 병마로 2012년 3월 오랜 투병 끝에 영면했다.
그는 1941년 경남 김해에서 태어나 1970, 80년대
기독교 혁신운동의 한가운데서 한국 교회의 변혁
에 앞장섰다. 끊임없이 민중을 조직하고 연대하면
서 군부정권의 인권탄압에 저항하기도 했다. 1967
년부터 서울 하월곡동 일대에서 개척교회를 열고
빈민선교에 나섰고, 1988년 목사직을 반납하고 도
시철거민을 중심으로 '건축일꾼 두레'를 만들어
도시빈민 운동에 본격적으로 뛰어들었다. 1996년
전북 무주로 귀농해 농촌공동체 운동을 시작함과
동시에 대안학교 푸른꿈고등학교를 설립하는 데
힘을 보탰다. 2003년 녹색대학 설립에 참여해, 대
표선생을 맡았다.

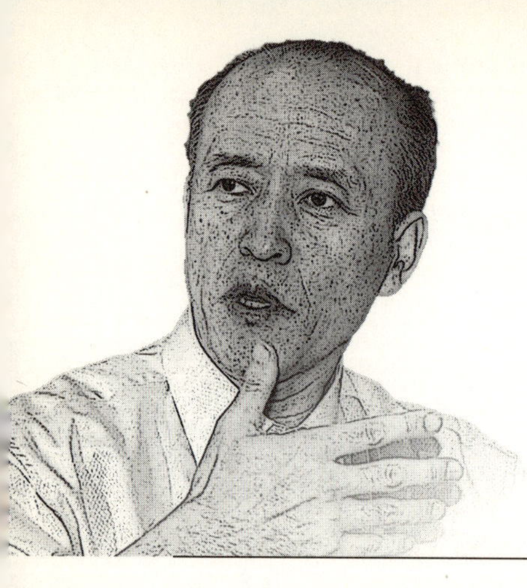

9. '민중의술로 의료주권을'
전통의술합법화운동

● 황종국 변호사

이반 일리치는 역저《병원이 병을 만든다》에서 거대 산업으로 성장한 병원에 대해 메스를 들이댄다. 그는 환자보다 병원과 의사를 우선하는 공급자 중심의 의료체계가 오히려 질병을 양산한다고 주장한다. 항생제와 외과수술의 발전을 내세운 의사들이 의료기술에 대한 맹신이라는 '현대판 미신'을 부추기며 인간 고유의 자연치유능력을 외면한다는 것이다. 의사의 가장 큰 역할은 투약이나 수술에 앞서 건강한 음식과 올바른 생활습관 등으로 사람들의 자연치유력을 높여주는 데 있다고 역설한다.

지금 세계 각국에서는 인간의 자연치유능력을 증가시키기 위한 다양한 방법이 시도되고 있다. 침구,

부항, 지압, 안마, 정체요법, 척추교정, 기공, 향기치료, 봉독요법 등 전통의술을 대안으로 흡수하면서 통합의료체계를 구축하고 있는 것이다. 특히 침과 뜸은 뛰어난 치료 능력으로 의료 선진국에서 각광받고 있다. 하지만 우리는 어떠한가. 여전히 전통의술은 불온시되고, 미개한 것으로 치부되며 홀대받고 있다. 법관 시절부터 전통의술의 합법화 운동, 민중의술 살리기 운동에 앞장서 외로운 길을 가고 있는 황종국 변호사를 그의 사무실에서 만났다.

최근 의료법에 대해 위헌법률제청을 낸 것으로 알고 있습니다. 지난 1994년에도 현역 판사로서 의료법의 위헌성을 제기한 바 있었죠?

: 이 시대의 화타라 불리는 장병두 할아버지의 불법의료 행위에 대한 변론을 맡으면서 대법원에 위헌법률제청 신청을 했습니다. 올해 100살이 넘은 장 할아버지는 그동안 병원에서 포기한 숱한 불치병 환자를 고쳤습니다. 이분의 도움으로 새 삶을 찾은 이들은 대학교수, 성직자, 공무원과 주부에 이르기까지 수천 명에 이릅니다. 장 할아버지는 단지 정규적인 의사교육을 받지 않았고 자격이 없다는 이유만으로 단죄의 대상이 된 겁니다. 우리의 의료법은 의사와 한의사만이 진료할 수 있도록 규정하고 있습니다. 이런 의료법의 부당함에 맞서 창원지방법원에도 쑥뜸명의 사건에서 같은 신청을 해놓고 있고, 부산지방법원에선 '뜸사랑' 사건에서 위헌제청 신청이 받아들여져 헌법재판소에 위헌제정이 된 상태입니다.

현행 의료법이 헌법을 위반해 국민의 기본권을 제한하고 있다는 말씀인데요.

: 헌법의 기본정신은 국민 개개인이 인간으로서 존엄과 가치를 구현할 수 있도록 하는 데 있습니다. 국가통치구조와 권력도 국민의 인간적 존엄성을 높이기 위해 존재합니다. 인간의 존엄은 생명을 전제로 하고, 따라서 생명권은 모든 가치의 기본입니다. 그런데 개인의 건강권, 의료선택권이 의료법에 의해 제한받고 있는 겁니다. 하위인 의료법이 헌법이 보장한 생명권, 행복추구권, 직업선택의 자유 등을 침해하고 있지요.

구체적으로 어떤 경우가 그렇다는 것입니까?

: 병원이 더 이상 환자를 치료할 능력이 없을 때 환자는 죽음으로 내몰릴 수밖에 없습니다. 문제는 법이 의사를 제외한 능력 있는 이로부터 치료받을 수 있는 기회를 막고 있다는 것입니다. 환자는 수많은 치료 방법 중에 스스로 원하는 것을 선택할 수 있어야 합니다. 이것은 생명의 절대성 유일성에 비추어 천부적인 기본권입니다. 병원에서 포기한 많은 불치환자들이 장병두 할아버지를 찾는 것은 인지상정입니다. 하지만 국가가 막다른 곳으로 내몰린 이들의 치료를 원천적으로 불가능하게 하고 있습니다. 여기에 대해 국가는 합리적인 답변을 내놔야 할 의무가 있습니다.

기존의 의료 시스템 말고도 환자를 치료할 수 있는 기능을 가진

이들이 있다는 말씀입니까?

: 그렇습니다. 오랜 세월을 통해 검증되어 온 우리 민족의 전통 의술이 있습니다. 저는 민중의 주체적 각성, 제도권에 대한 저항의 의미를 담아 민중의술(民衆醫術)이라 부르고 있는데요, 한방(韓方)이나 양방(洋方) 못지않은 훌륭한 치료법이라고 확신합니다. 어지간한 병은 음식요법과 침과 뜸, 부항만으로도 낫게 할 수 있습니다. 그런데 문제는 그런 것들을 한의사밖에 하지 못하도록 되어 있다는 겁니다. 침구(鍼灸)교육을 받은 많은 이들이 있지만 아예 제도적으로 진료를 할 수 없게 막아 놨습니다.

지금도 구당 김남수 선생 같은 침구사가 진료 활동을 하지 않습니까?

: 우리나라 침구사제도는 1962년 군사정권에 의해 의료법이 제정되면서 사형선고를 받았습니다. 쿠데타 주역들이 침구사 등 민중의술을 제도적으로 봉쇄한 겁니다. 구당 선생처럼 일제 때 자격을 받은 이들은 예외적으로 진료를 허용한 것이지요.

우리 민중의술이 몰락한 역사적 배경에 대해 말씀해 주시죠.

: 서양지상주의랄까요. 해방 정국을 주도한 식자깨나 있는 지식인들이 서구화를 근대화로 착각한 겁니다. 우리 전래의 것은 미개하고 비합리적이라고 생각한 것이지요. 이승만 정권 때부터 침구 등 민족의술 미신(迷信)으로 몰아붙여 제도가 번연히 있음에도 자격시험을 실시하지 않았어요. 그리고 5·16쿠데타 직후 의사들

의 로비를 통해 국민의료법이 의료법으로 바뀌면서 민족의술이 몰락의 길을 걷게 됩니다. 침사, 뜸사, 접골사, 안마사 등 제도가 송두리째 없어진 것이지요.

한의과대학이 생기면서 현대적 한의학 교육체계를 마련한 것으로 알고 있습니다.

: 제가 보기엔 한의대는 우리 전통의술과 거리가 멀어요. 교육과정이나 진단 방법 등을 보면 오히려 서양의술을 모방하고 있다는 느낌이 들어요. 그래서 구당 선생은 '반쪽 한의대'라고 했습니다. 한의대는 민족의 전통의학을 담아내는 그릇이 되어야 하는데 역사적 배경을 보면 그렇지 못합니다. 양의학계가 전통의술을 말살하는 과정에서 나온 타협안이 한의대입니다. 국가가 민족의학을 계승하고 발전시키겠다는 의지가 있었다면, 국·공립대에 한의대를 만들었겠지요. 전국에 11개 한의대가 있는데, 모두 사립학교뿐입니다.

제도권으로 편입된 한의학 교육이 오히려 민중의술의 발전을 막아 버렸다는 말씀이군요.

: 한의대가 출범하면서 전통의술의 시술권을 한의사가 독점하게 됩니다. 독점적 시술권을 가진 한의사들은 숱한 한방요법 중에서도 탕제약 제조를 유독 선호합니다. 전통의술 중 으뜸이고, 가장 저변이 넓은 침구는 아예 서자 취급당한 것이지요. 침을 못 놓는

사람이 한의사가 된다는 사실 자체가 희극 아닙니까. 예로부터 '1침2구3약'이라고 했습니다. 이는 효용성의 순서이자 시술의 순서이기도 하지요. 보통 침만으로도 대부분의 병을 치료할 수 있습니다. 침으로 안 되면 뜸, 뜸으로 안 되면 약이라고 했습니다. 그런데 한의원을 찾으면 대부분이 탕제부터 들이댑니다. 그 이유가 무엇이라고 봅니까.

결국 의료계 스스로 귀중한 전통의술을 방치하는 결과를 빚었군요.

: 양의사들은 서구 의료제국주의의 지배전략에 자기도 모르게 세뇌되어 우리 민족의학을 압살하는 데 앞장섰고, 한의사들은 시술독점권이라는 달콤한 미끼에 젖어 부당한 제도에 저항하지 못한 것입니다. 그들이 합작해서 우리 민족의학을 내팽개쳤습니다.

전통의술과 서양의술, 즉 제도권 의술과의 차이를 어디에서 찾을 수 있나요?

: 우리 전통의술은 치료 대상, 즉 사람을 생명으로 봅니다. 몸과 마음이 유기적으로 연결돼 있다는 것이지요. 반면 서양의술은 몸을 물질로 봅니다. 또 몸과 마음이 별개라는 이원론적(二元論的) 시각을 갖고 있습니다. 우리 인체는 물질이 아니고, 몸과 마음은 별개가 아니라는 게 갈수록 설득력을 얻고 있습니다. 우리 전통의술은 결코 미개한 의술이 아닙니다. 지난 수천 년간 누구나 쉽게 배우고 시술할 수 있게 개방되어 왔습니다. 자연의 순리에 기반을 둔

탁월한 자연의학으로 동양의술의 근간입니다.

민중의학에 관심을 갖게 된 특별한 계기가 있는 것으로 알고 있습니다.

: 1982년입니다. 평소 코가 안 좋아서 두 차례나 수술을 받았지만 차도가 없었어요. 그러다가 우연한 기회에 단식요법을 하는 분을 알게 되었죠. 그분을 통해 완치가 되었습니다. 단식치료를 받는 과정에서 온몸을 못 쓰는 중풍 든 할머니가 단식 30일 만에 완치되는 현장을 목격했습니다. 정작 한의대에서는 1990년대 들어서야 단식을 치료법으로 받아들여 임상실험을 하더라고요.

우리 전통의술은 배우기가 쉽고 부작용이 거의 없다는 것을 장점으로 꼽고 있는데, 정말 그런가요?

: 예전엔 마을마다 침놓는 분들이 한 분씩은 꼭 계셨어요. 어지간한 병 다 치료했습니다. 부작용도 거의 없었고요. 그런 천혜의 치료법이 서양의술에 밀려난 것입니다. 오랜 경험에 의해 입증된 최고의 의술인 침구 등 전통의술이 홀대받은 것이지요.

소위 의료선진국이라는 유럽이나 미국에서는 어떻습니까?

: 민주주의의 종주국이라는 영국에서는 치료 자격에 아무런 규제가 없어요. 단지 의사라는 칭호만 안 쓰면 됩니다. 서구에서는 오히려 대체요법(代替療法)이라고 해서 아주 적극적으로 받아들여

연구하고 있지요. 중국의 경우는 양의사, 중의사, 침구사 등 정규교육의 틀에 완전히 매이지 않고, 병을 잘 고친다고 인정되면 국가에서 누구에게나 면허를 줍니다. 가령 집안의 비전(秘傳)으로 치료를 잘하는 경우 주민이나 치료받은 환자들이 입증하면 면허를 줍니다. 얼마나 합리적입니까. 저는 병을 잘 고치면, 그 사람이 바로 의사라고 생각합니다. 독일의 경우 전통의술 20여 가지가 간편한 교육제도를 통해서 인정받고 있습니다. 그런데 우리는 모조리 6년제 한의대를 나와야 합니다. 부항 하나만 해도 어느 정도 병은 다 고치는데, 그 부항 배우려고 6년제 한의대를 다녀야 합니까?

서양에서는 대체요법을 오히려 권장한다고 들었습니다.

: 영국, 독일, 러시아 등의 나라에서는 의사가 대체요법을 권장합니다. 또 환자가 원하면 병원에서 대체요법 치료사를 알선해 주기까지 합니다. 세계의 조류는 대체의학을 넘어 통합의학(統合醫學)으로 가고 있습니다. 서구에서는 서양의학의 한계를 절감하고 우리의 침구를 비롯한 세계 각국의 전통의술을 받아들여 새로운 의료체계를 구축하고 있습니다. 이미 임상처방의 60% 이상이 대체요법이라는 자연요법(自然療法)으로 이루어지고 있어서 이제는 '대체의학'이란 용어 대신에 '통합의학'이란 말을 쓰고 있습니다. 그런데 우리는 우물 안 개구리가 돼 오히려 전통의술을 업신여깁니다.

의료주권(醫療主權)에 대한 국민들의 의식이 미미합니다. 의료소비자로서 자각이 무엇보다 절실하겠죠.

: 식민지 의료제도를 통해 서양의술이 도입된 지 100여 년이 지났지만, 우리의 의료체계는 여전히 그 연장선상에 있습니다. 환자 위에 군림하는 의료인들의 사고방식 또한 그 당시와 별 차이가 없고요. 의료소비자들까지 서양의학을 맹신하는 노예근성에 젖어 있어요. 생명에 대한 자각이 필요합니다. 내 몸, 나의 생명에 대한 인식을 바꿔야 합니다. 자기 몸에 대해 주체적으로 자각을 할 때 의료제도의 개혁을 불러올 수 있습니다. 그것이 바로 의료소비자운동, 의료주권운동이지요.

제도적 장치를 바꾸는 것도 시급하지 않습니까? 장병두 할아버지나 구당 선생 등 뛰어난 치료 능력을 가지신 분들이 이미 100살, 90살을 넘어섰지 않습니까?

: 빠른 시일 안에 제도적인 변화가 오지 않으면 전통의술의 맥이 끊어질 것이 자명합니다. 서양은 동양의학 등을 흡수해 통합의학으로 가고 있는데 우리는 무엇입니까. 침구를 하기 위해서 중국이나 일본, 호주 등으로 가서 침구사 자격을 따서 옵니다. 침구가 우리 고유의 의술 아닙니까. 그런데 그것을 남의 나라에 가서 자격증을 받아오고, 한의사들이 해외연수를 나가 배우는 이런 아이러니가 어디 있습니까. 스스로 제 무덤을 판 결과라고 봅니다.

통합의학이라는 세계적 조류에 비춰볼 때, 우리 전통의술은 무한한 잠재력을 갖고 있지 않나 생각됩니다.

: 수천 년에 걸쳐 이룩된 탁월한 전통의술이 새로운 시대를 맞아 본연의 위상을 되찾아 만개해야 합니다. 그것이 우리 의학의 질을 높이는 길이고, 해외로 진출할 수 있는 무한한 가능성입니다. 이제 국내법으로 제도적인 장치를 해줘야 합니다. 구당 선생의 경우 지난 1980년대 화상을 흉터 없이 아물게 하는 화상침술로 세계적으로 이름을 떨치고 있습니다. 얼마나 큰 자산입니까. 이것을 왜 계승하고 발전시키지 못합니까. 일본에는 3년제 침구대학이 수십 개가 있고, 고려의학이란 이름으로 통합의료체계를 추구하는 북한도 침구를 중시하고 있습니다.

전통의술의 실용성 또한 뛰어난 것으로 알려져 있습니다.

: 우리 전통의술은 참으로 실용적입니다. 서양의술은 진단이나 수술을 위해 엄청난 장비를 갖춰야 하고 인력도 많이 필요합니다. 어쩌면 그런 구조가 과잉진료를 부르는지도 모릅니다. 하지만 우리 민중의술을 보세요. 침통 하나, 뜸통 하나, 부항기 하나면 충분하질 않습니까. 거기에 무슨 시설이 필요하고 보조인력이 필요합니까. 산이든 바다든 비행기 안이든, 언제 어디서나 할 수 있는 세계유일의 의술입니다. 현재 다양한 분야의 민족의술을 시술할 수 있는 이들이 수십만 명에 달합니다. 이들을 양성화하고 교육을 통해 확대 보급할 때 국민의 건강권, 의료선택권이 엄청나게 확장될

수 있지요. 그리고 여기서 절약된 의료비로 의료수가(醫療酬價)의 현
실화도 가능하고요. 양방이나 한방이나 전통의술의 양성화를 방해
할 일이 아니라 정정당당하게 대결해 보는 것도 우리 의료 수준을
높이는 계기가 된다는 사실을 인식할 필요가 있습니다.

앞으로 의료시장 개방도 피할 수 없는 일 아닙니까?

: 고유의 전통의술을 묶어놓은 상태에서 외국의료가 마구잡이
로 들어온다고 생각해 보세요. 까딱 잘못하다가는 외국의 의료식
민지로 전락할 수 있습니다. 전통의술을 제대로 살려내면 경쟁력
을 가질 수 있습니다. 독일에서는 침구사과정을 7년에 걸쳐 배웁
니다. 그런데 우리는 2년이면 충분합니다. 이게 바로 경쟁력 아닙
니까. 우리의 유전자 속에 숨 쉬고 있는 민중의술의 잠재력 말입니
다. 하루빨리 제도가 개혁되어야 합니다. 특정 이해집단을 위해 국
민의 건강권이 볼모잡히는 일은 더 이상 안 됩니다.

우리 시대의 화두가 생명이 되어야 한다고 말씀하셨는데……

: 국가가 추구하는 목표는 경제가 아니라 생명이어야 합니다.
경제만 잘되면 행복한 삶을 살 수 있다는 허황된 꿈에서 벗어나야
합니다. 모든 것이 돈으로 귀결되는 이 사회의 천박함이 우리의 몸
과 마음을 황폐화시킵니다. 공동체적 가치도 붕괴시킵니다. 이제
생명에 눈을 돌려야 합니다. 자신과 타인, 그리고 뭇 생명붙이에
대한 따뜻한 관심이 필요합니다. 그럴 때 우리는 음식을 제대로 먹

고 마음을 제대로 쓰면서 바른 삶의 자세로 자연치유력을 높일 수 있습니다. 천박한 가치관으로 우리의 삶을 건강하게, 행복하게 할 수 없습니다.

*이 시대의 화타나 편작으로 일컬어지는 장병두, 김남수 옹이 한의사 관련 단체의 고발로 유죄판결을 받았다. 2012년 7월 장병두 옹은 대법원에서 무면허의료행위로 징역2년6월 집행유예4년 벌금2000만 원의 형이 확정됐고, 김남수 옹은 2심에서 징역2년 집행유예3년 벌금800만 원을 선고받았다. 김 옹은 2008년 KBS 추석특집방송에서 침뜸공개시술 뒤 구사(灸師)면허 없이 뜸치료를 한 혐의로 고발당해 침사자격정지45일의 행정처분을 받고 청량리 침술원을 폐업했다. 2009년엔 김 옹으로부터 침과 뜸을 배운 이들이 만든 봉사단체 '뜸사랑' 회원 128명이 불법의료행위로 무더기 입건됐다. 김 옹은 2011년 헌법재판소로부터 뜸을 떠도 된다는 결정과 2012년 침사자격을 정지한 서울시 처분이 부당하다는 대법원의 판결을 받아냈고, 2013년 1월 서울역에 '구당 침뜸클리닉'을 열었다. 하지만 7월에는 15년간 운영해 오던 국회의원회관의 '침뜸봉사실'은 문을 닫았다. 한편 헌법재판소는 2013년 6월 침뜸시술을 한의사가 독점하는 것은 헌법에 위배된다는 헌법소원심판에 대해 기각결정을 내렸다.

10. 석유문명의 한계를 넘어
민들레공동체 대안기술센터

● 이동근 소장

새벽길 마주친 바람자락에서 지난밤 미처 다 식지
못한 열기가 느껴진다. 세상에 갑자기 전기가 나간
다면…… 삼복에 갑자기 전기가 끊어진다는 상상이
너무 발칙한가. 산청 민들레공동체를 향해 출발하면
서 뇌리에선 줄곧 에너지가 사라진 세상이 연상되고
있었다. 지하철 버스 택시, 냉방이 잘된 공간에서 한
발짝만 벗어나면 더위가 뒷덜미를 꽉 움켜잡는다.
우리의 일상이 에너지로부터 고립된다면 어떻게 될
까. 고층아파트에서 엘리베이터가 멈춰서고 냉장고
와 에어컨이 가르릉 소리를 내면서 더 이상 작동하
지 않을 때, 우리의 일상은 지옥도가 되지 않을까. 이
것은 부질없는 상상만이 아니다. 우리는 에너지 고

갈의 위기 속에서 살고 있다.

민들레공동체는 산청군 신안면 갈전리, 둔철산 동쪽 자락의 농촌마을인 갈전마을에 스며들어 있었다. 40여 가구가 됨직한 마을, 골목길을 쭉 따라 들어가니 그 끝자락 작은 언덕 위에 공동체가 둥지를 틀고 있다. 공동주택 지붕엔 풍력발전기, 벽에는 태양열전지판, 마당에는 태양열조리기구와 자전거발전기가 낯선 손을 앞 다퉈 반긴다. 볏짚단을 쌓고 외벽을 황토로 바른 대안기술센터와 흙벽돌로 지은 민들레공방은 아담한 모습으로 마주 보고 있다. 얼굴과 팔다리가 검게 그을린 이동근[40] 대안기술센터소장의 소박하고 싱싱한 미소가 인상적이다.

에너지 문제가 심각합니다. 최근의 고유가 사태를 겪으면서 섬뜩한 자연의 경고를 느낍니다. 하지만 사람들은 근원적인 고민을 하지 않습니다.

: 금세기 인류의 최대 숙제가 에너지와 식량이라고 생각합니다. 두 문제를 해결하지 못하면 인류는 생존의 벼랑 끝에 내몰릴 수밖에 없는 형편입니다. 현대문명은 석유를 기반으로 굴러가고 있습니다. 석유가 바닥나고, 그것을 대체할 수 있는 새로운 에너지원이 나오지 못하면 인류문명은 존립할 수 없습니다. 그런데도 우리는 에너지 문제를 기름 값을 더 내야 하는 일상적 문제로만 생각합니다.

수십 년 안에 화석연료가 고갈될 것이라고 예상하는 전문가들도 있습니다. 인류가 추구하는 경제체제는 그것을 바닥 내지 못해 안 달하고 있는 형국입니다.

: 인간의 무한욕망, 그 욕망의 질주가 파멸로 결론 날 때까지는 멈춰 서지 않으리라고 생각됩니다. 한마디로 암담합니다. IPCC(정부 간기후변화위원회)는 인류가 지금과 같이 무분별한 개발, 과도한 소비 를 지속할 때 한 세기도 버티지 못할 것이라는 어두운 전망을 내놓 고 있습니다. 최근 자료에 따르면 온난화로 금세기 안에 남·북극 이 녹아내려 전 세계 연안이 물에 잠기고, 곡물 생산량은 뚝 떨어 질 것으로 예측하고 있습니다. 이런 기후 문제는 도에 넘친 에너지 사용이 불러온 재앙입니다. 결국 우리가 과도하게 쓰는 에너지는 우리의 발등을 찧을 뿐만 아니라, 우리 후손의 삶터를 파괴하는 자 해행위입니다.

화석에너지 고갈에 대비해 각국이 대체에너지 개발에 나서고 있 는 가운데 국내에서도 관심이 높아지고 있습니다. 대안기술센터 의 작업은 의미가 큰 것 같습니다.

: 민들레공동체에서 대안기술센터를 설립한 것이 지난 2006년 5월입니다. 이곳을 통해 대안적 삶의 기반이 될 수 있는 각종 기술 을 연구하고 있습니다. 지금은 바이오디젤, 풍력발전, 태양열난방, 자전거발전기 등 대체에너지와 볏단집 건축(스트로베일 하우스)의 기 술과 개념을 보급하는 데 최선을 다하고 있습니다. 특히 대체에너

지 보급과 확대에 중점을 두고 있습니다. 이곳에서 달마다 워크숍을 열고, 전국 각지로 초청강의를 나가 에너지 자립을 위한 교육을 합니다.

영국에서 2년간 대안기술을 공부한 것으로 알고 있습니다. 중간기술 혹은 적정기술이라고 불리는데, 구체적으로 어떤 형태의 기술을 의미합니까?

: 중간기술은 E. F. 슈마허가 《작은 것이 아름답다》에서 주창한 인간 중심의 기술입니다. 돈 없고 힘없는 민중들도 쉽게 구현할 수 있는 기술을 말합니다, 선진국의 하이테크놀로지와 아시아나 아프리카 농촌지역의 열악한 토착 전통기술을 상호보완한 것으로 지속 가능성을 염두에 둔 기술의 유형입니다. 앞으로 대안기술센터를 통해 중간기술을 국내외 농촌에 보급하여 자본이 중심이 아니라 사람과 환경이 중심이 되는 사회를 만드는 데 힘을 보탤 겁니다. 대체에너지도 중간기술의 하나입니다.

무엇보다 우리가 에너지에 대한 인식, 에너지 자립에 대한 자각이 필요한 시점입니다.

: 에너지 자립에 대해 심각하게 생각해 봐야 할 때입니다. 간단히 말해서 내가 쓰는 에너지는 내가 만들자는 것이 에너지 자립 교육의 기본 정신입니다. 물론 모두가 스스로 에너지를 생산한다는 것은 불가능합니다. 하지만 이런 교육과정을 통해서 에너지의 귀

중함과 절약의 필요성을 인식하고 자각하자는 겁니다. 이제 우리 세대는 에너지의 고갈을 걱정해야 하는 단계까지 왔습니다. 에너지 문제의 해법은 마구잡이로 사용하는 습관을 고치는 것에서부터 찾아야 합니다.

에너지도 식량과 함께 인류의 생존을 좌우하는 기본재입니다. 에너지를 상품으로, 돈을 만드는 대상으로만 바라봐서는 안 된다는 생각이 듭니다.

: 에너지를 단순히 상품으로만 생각하고, 부를 창출하는 수단으로서만 생각한 결과가 현실에서 부닥치는 에너지 위기입니다. 현대인은 에너지 없이 생존할 수 없습니다. 에너지에 중독되었다고 할 수 있겠죠. 자가용을 예로 들어봅시다. 자가용의 편리함에 중독된 사람은 대중교통을 이용하지 못합니다. 하지만 개인의 쾌적함이 인류공동체를 위기로 내몰고 있습니다. 지구온난화의 주범이 자동차가 내뿜는 이산화탄소입니다. 그런데도 갈수록 자동차는 늘어납니다. 여기에는 거대자본의 장삿속이 사람의 욕망을 끊임없이 충동질하는 것도 한몫을 합니다. 과감하게 자가용을 떨치고 대중교통을 이용하는 것이 에너지 중독에서 벗어나는 길입니다.

가정에 있는 냉장고도 에너지 낭비의 단면을 극적으로 보여주는 경우인데요.

: 냉장고가 두 대인 가정이 많습니다. 예전엔 냉장고 없이도 잘

살았잖습니까. 그때로 돌아갈 수는 없지만 불필요한 부분은 없애야 합니다. 냉장고를 열고 내용물을 살펴보세요. 수개월 혹은 일년이 넘은 식품이 방치되고 있는 경우도 있을 겁니다. 전혀 냉장이 필요 없는 식품까지 꽉꽉 채워서 많은 전력을 소모합니다. 일반 가정에 왜 그렇게 큰 냉장고가, 그것도 두 대 세 대씩이나 왜 필요합니까. 신선한 음식을 섭취하는 것도 방해하는 게 냉장고입니다.

얼마 전 민들레공동체에서 한 방송사와 일주일간 에너지 자립을 실험하는 프로그램을 한 것으로 알고 있습니다.

: 지난달 KBS 환경스페셜팀의 제의로 대체에너지만으로 일주일을 생활해 본 적이 있습니다. 한전의 전원과 LPG를 차단하고 태양열 자전거발전기 등을 통해 스스로 에너지를 생산해 썼습니다. 공동체 구성원들이 에너지의 귀중함에 대해 다시 한 번 인식하는 계기도 되었고요. 물론 현시점에서 풍력, 태양광, 바이오가스, 인력 등으로 만든 에너지로 모든 것을 해결할 수는 없다고 봅니다. 그러나 우리가 불필요한 에너지 사용을 과감하게 없애고, 좀 더 치밀하게 개발한다면 대체에너지는 농촌사회에서 화석연료의 대안으로서 가능성이 충분히 있습니다.

이들 대체에너지 발전기구들이 생산하는 에너지가 어느 정도 도움이 됩니까?

: 자전거발전기는 보통사람이 돌리면 200w/h가 생산됩니다. 1

시간 다리품을 팔면 선풍기 한 대를 4시간 동안 돌릴 수 있고, 세탁기를 한 시간 이상 쓸 수 있습니다. 태양열조리기의 경우 접시안테나형과 박스형이 있는데, 각각 270도 350도까지 열이 올라갑니다. 적외선이 음식을 익히는데, 서서히 음식을 데우기 때문에 영양이 파괴되지 않고 자연의 맛을 제대로 보존해 줍니다. 여기에 계란을 삶으면 노른자부터 익습니다.

대체에너지를 보급하는 데 문제점은 없는지요?

: 자전거발전기, 태양광전지판, 풍력발전기 등 제작비가 많이 든다는 게 문제입니다. 자전거발전기의 경우 한 대 제작하는 데 70만 원 정도 듭니다. 그런데 정작 이런 발전기를 필요로 하는 가정은 전기세를 내기 어려운 가정입니다. 이런 부분은 정부에서 적극적으로 지원해 주면 어떨까 싶습니다.

무엇보다 우리가 에너지를 대하는 자세, 에너지에 대한 생각이 어린 시절부터 제대로 확립되는 것이 중요하다고 생각됩니다.

: 대체에너지 교육 프로그램으로 환경단체와 같이 '숲과 바람과 태양의 학교'를 만들었습니다. 우선 대안학교 다섯 곳을 선정해 이번 주부터 설치에 나섭니다. 이곳과 같은 풍력, 태양광, 자전거 발전시설을 설치해서 교육용으로 사용될 것입니다. 어린 시절부터 에너지의 귀중함, 함부로 낭비해서는 안 된다는 자각이 교육을 통해 이뤄진다면 에너지를 보는 눈이 달라지리라고 믿습니다. 지금

민들레학교에서는 학생들이 소똥과 물을 섞어 만드는 바이오가스
생산에도 직접 참가합니다.

**공동체의 농사일도 도맡아 하고 있는 것으로 알고 있는데, 대안기
술센터 일과 함께 꾸리시려면 힘드시겠습니다.**

: 요즘 일손이 매우 달립니다. 6000평 정도 우렁이 논농사를 하
는데 잡초를 제거하는 일이 보통 일이 아닙니다. 농사일은 힘든 만
큼 보람도 느낍니다. 농부는 평화를 만드는 사람입니다. '평화(平
和)'란 입으로 들어가는 쌀을 공평하게 나누는 일입니다. 비록 힘들
지만 농사일을 통해 저 자신부터 평화를 얻습니다.

**농사도 다른 산업과 마찬가지로 에너지와는 떼어낼 수 없는 불가
분의 관계에 있다고 볼 수 있잖습니까?**

: 농사에도 에너지가 필수불가결합니다. 많은 농기계가 석유
없이 움직이질 않습니다. 석유의존도를 줄이는 영농법을 개발하는
것도 대안기술센터의 목표 중 하나입니다. 기계화, 기업농이 농촌
공동체를 파괴하고 지속 가능한 농업을 방해합니다.

**민들레공동체는 자발적 가난을 추구하는 것으로 알고 있습니다.
에너지 문제 역시 자발적 가난의 실천이 중요하겠지요?**

: 기본적으로 우리 공동체는 자립할 정도만 놔두고 모두 나누
는 삶을 목표로 합니다. 자립 기준은 개인마다 다르겠지요. 수십억

원의 재산을 갖고도 만족하지 못하는 이들도 있으니까요. 우리는 두 벌의 옷과 두 켤레의 신발 이상은 갖지 말자는 이야기를 합니다. 작게 노동해서 많은 것을 얻으려는 욕심이 우리 자신과 이 땅을 망치는 것입니다. 자연을 약탈하고 이웃의 것을 빼앗는 결과를 가져옵니다. 문제는 욕망의 크기를 줄이는 일입니다. 욕심을 줄이는 것이야말로 에너지 자립으로 가는 지름길이기도 합니다. 생활을 단순하고 소박하게 가져가는 것이 우리의 삶을 더 풍요롭게 한다는 사실을 잊지 말았으면 합니다.

| 민들레공동체와 구성원들

영성과 생태, 지역과 조화를 꿈꾸는 민들레공동체가 산청군 신안면 갈전리에 자리잡은 지 17년째이다. 경상대 농대 출신을 중심으로 서부 경남 농촌지역 선교 차원에서 공동체를 출범시킨 게 지난 1992년. 이들의 궁극적 목적은 기독교 정신을 바탕으로 피폐해진 농촌을 지속 가능한 이상향으로 다시 일으켜 세우는 데 있다.

민들레공동체가 추구하는 기독교정신은 초대교회에 그 맥이 닿아 있다. 성경이 그리는 초대교회의 아름다운 정신, 무소유정신은 이들에게 최고의 덕목이다. 이 공동체는 무소유정신을 바탕으로 물신의 시대에 황폐해진 우리의 삶터와 파편화된 인간관계를 회복하고, 상처 난 영혼을 치유하고자 한다.

일상 속에서 무소유와 자연과의 조화로운 삶의 실천은 유기농, 생태건축, 대체에너지, 공동생산과 공동분배, 민주적 의사결정, 영성수행 등으로 나타나고 있다. 이들의 소박하고 맑은 삶은 모든 가치가 돈으로 귀결되는 신자유주의시대를 넘는 희망으로 다가선다.

이들의 또 하나의 미덕은 열린 공동체를 지향한다는 점이다. 비록 기독교정신을 바탕으로 첫발을 내디뎠지만 종교가 벽이 되지는 않는다. 막다른 골목으로 내달리는 자본 만능의 시대에 회의하고 공동체적 삶을 지향하는 누구에게나 열려 있다. 이 공동체는 지난해 중등과정 대안학교 민들레학교를 열었다. 농촌을 사랑하고 대안적 삶을 예비하는 미래의 주인공을 위한 교육에 본격적으로 나선 것이다. 현재 23명의 학생이 단순 소박한 삶, 자발적인 가난, 자기희생을 통해 봉사하는 삶의 가치를 배우고 있다.

이 공동체의 구성원은 공동체 대표이자 민들레학교 교장인 김인수(48) 권근숙(47, 민들레학교 교감) 씨 부부와 세 자녀, 대안기술센터 소장 이동근 전봉선(38) 씨 부부와 네 아이, 민들레학교 교사인 김봉성(40) 김은지(32) 씨 부부와 아들, 경상대에서 지속농업 박사과정에 다니는 손다니엘(36) 유길순(36) 씨 부부와 세 자녀, 자연양계를 생업으로 하는 이태희(53) 정양자(49) 씨 부부, 민들레공방 실장인 서양화가 이은실(34) 씨, 민들레학교 교사 박지용(56, 농업) 최규천(30, 역사 및 수학), 윤자영(28, 영어) 씨, 김 대표의 장모인 정갑조(83) 씨, 홀로 자립을 준비하고 있는 유다윗(62) 씨까지 30여 명이다. 수의사로 캄보디아에 파견돼 '꿈과 미래학교'를 설립 7년째 운영하고 있는 김기대(40) 류소현(40) 씨 부부, 그곳에서 유기농 교육을 하며 시범농장 설립 작업을 하고 있는 정남식(41) 이만선(38) 씨 가족

등도 있다.   (055) 973-6813, www.dandelion.or.kr

*그간 민들레공동체가 운영하는 민들레학교는 교사 15명, 학생 79여 명으로 학교로서의 면모를 갖추었고, 민들레베이커리, 도서출판 홀씨, 민들레목공도 생겼다. 이러한 공동체 안의 각 기관들은 자립과 협력의 원칙에 따라 식량자급, 에너지자급, 교육자급, 경제자급, 신앙자급을 꿈꾸며 나날이 성장해 나가고 있다.

● 최혁진 정책위원장
조세훈 사무국장

1970년대 지학순 주교와 장일순 선생을 중심으로
한 '원주캠프'는 암울했던 시대를 비춘 촛불과 같은
존재였다. 원주는 반체제지식인과 민주화운동 활동
가들이 스며들던 피정의 집이자 피난처이기도 했다.
그들은 이곳에서 심신을 추스르고 투쟁정신을 더
욱 견고하게 벼리곤 했다. 원주가 이 땅의 생명운동
의 발원지로, 민중의 자력갱생(自力更生)을 꿈꾸던 협
동조합운동이 시작된 곳으로 새롭게 조명되고 있다.
'아낌없이 나누기 위해 부지런히 일하고 겸손하며
사양하는 삶은 인간과 인간 사이에, 또한 인간과 자
연 사이에서 기본이 되는 삶의 모습'. 장일순 선생이

설파한 공동체정신이 원주 협동조합운동 역사 속에 면면히 흐르고 있다.

강원도 원주시 중앙동 122번지 '밝음의 집'. 원주지역 협동조합운동의 전초기지이다. 지하1층 원주한살림생협 매장에서 시작해 1층 밝음신협, 2층 밝음지역아동센터, 3층 밝음의원 밝음한의원, 4층 무위당기념관 소시모사무실, 5층 우리문화길라잡이 밝음요양사교육센터, 6층 교육문화워커즈 '멋살림' 민예총 등 각종 단체와 사업장이 빼곡하게 들어서 있었다. 602호에 둥지를 튼 원주협동조합운동협의회의 문을 두드렸다. 최혁진 정책기획위원장과 조세훈 사무국장이 반갑게 악수를 청해 왔다.

신자유주의가 확산되면서 사회의 공적 기능이 급속도로 위축되고 있습니다. 미국산 쇠고기 파동에서 보듯이 국민들의 기본적인 생존권조차 예사로 위협받는 것이 현실입니다. 이런 가운데 대안으로서 협동조합운동이 주목받고 있는데요.

: 협동조합운동은 조합원 스스로의 삶을 변화시킬 뿐만 아니라 협동의 힘을 바탕으로 피지배(被支配)의 속박을 넘어서 자유로운 삶으로 나가는 길입니다. 신자유주의의 무차별 경쟁구조 속에서 파편화된 개인을 지역으로 묶어내 연대하게 하는 협동운동입니다. 또 정치적 자각을 통해 민주적 시민으로 삶의 의미를 확장해 나가는 자치운동이기도 합니다. 그런 점에서 세계화의 광풍에 뿌리째 흔들리는 개인의 삶을 지켜내는 대안으로서 협동조합운동이 새롭

게 주목받지 않나 생각합니다.

원주는 우리나라 협동조합운동의 메카로 알려져 있습니다. 이미 1960년대부터 신용협동조합운동이 펼쳐진 것으로 알고 있습니다.

: 원주 협동조합운동은 1960년대 중반 신협운동으로 시작되었습니다. 당시 민중들의 생활상은 피폐하기 이루 말할 수 없었습니다. 농민들과 중소상인들은 장리쌀과 고리채, 사채시장에 매달려 허덕였습니다. 장일순 선생은 신협운동 강좌를 개설해 협동조합운동의 필요성을 역설했지요. 조합을 통해 열심히 땀 흘리고 협동하면 민중들도 대접받는 세상이 올 것이라고 지역민들에게 희망을 제안한 것이지요.

1970년대 초에 이 지역에서 발생한 대홍수가 본격적인 협동조합운동의 계기가 되었다면서요?

: 1972년 여름 큰비로 남한강 일대가 엄청난 홍수피해를 입었습니다. 그때 지학순 주교는 독일 등에 구호를 요청해 많은 원조를 받게 됩니다. 천주교 원주교구가 재해대책위원회를 설립하고 복구에 나섭니다. 이때 수재민에게 맹목적인 지원을 한 게 아니라 그들을 복구 작업에 참여시켜 품삯을 주었습니다. 수재민들은 스스로 떳떳할 수 있었고, 그를 바탕으로 자립의지와 자신감을 회복할 수 있었지요. 나중엔 생산협동체인 작목반을 조직했고, 마을일도 민주적인 절차를 통해 협동적으로 처리했지요. 수재가 농민들

을 각성시키는 계기가 된 것입니다. 당시 내무부가 이 성공사례를 벤치마킹해 새마을운동과 새마을금고를 만들었다는 이야기도 있습니다.

이런 경험들이 원주 협동조합운동의 밑거름이 되었군요. 원주협동조합운동협의회(이하 협의회)의 설립 배경과 구성에 대해 이야기해 주십시오.

: 앞에서 말씀드린 것처럼 원주의 협동조합운동은 그 뿌리가 깊습니다. 수십 년에 걸쳐 다양한 협동조합들이 생겨났습니다. 그러나 늘 개별 협동조합으로는 한계가 있다는 것을 느꼈고 공동논의 구조, 협력관계의 필요성을 절감해 왔습니다. 그러던 중 2002년 밝음신협, 원주한살림생협, 원주생협이 협동해 원주의료생협을 설립했습니다. 그때 협동의 힘을 경험한 것이지요. 그게 계기가 되어 이듬해 원주지역 8개 단체가 협의회를 발족시켰습니다. 지금은 13개 협동조합이 회원으로 참여해 활동하고 있습니다.

협의회 소속 회원들로는 어떤 단체가 있는지요?

: 먼저 금융 분야로 밝음신협을 들 수 있습니다. 40년에 가까운 역사를 가진 밝음신협은 원주 협동조합운동의 뿌리로 조합원이 1만5000여 명에 이릅니다. 친환경농업·소비 분야는 원주한살림생협(5000여 명), 원주생협(1200여 명), 원주가톨릭농민회(300여 명), 남한강삼도생협(생산자 150여 명), 상지대학생협(1000여 명) 등이 있습니다.

보건의료복지 분야에 원주의료생협(1400여 명), 노인생협(1000여 명), 원주자활지원센터, 성공회원주나눔의집 등이 있고 교육 분야에 공동육아소꿉마당, 참꽃어린이학교, 참꽃작은학교 등이 참여해 활동합니다.

회원단체와 상호 협력하는 여러 사업단도 있는 것으로 알고 있습니다.

: 빈곤층의 금융 문제를 지원하는 두 개의 마이크로크레디트가 있고 회원단체의 출판인쇄 및 문화이벤트를 지원하는 교육문화워커즈'멋살림'이 있습니다. '멋살림'은 회원단체의 출판인쇄 및 문화이벤트를 지원합니다. 최근에는 친환경급식지원센터가 로컬푸드 운동을 위한 사업에 나섰습니다.

협의회 소속 각급 조합의 조합원 수가 2만 명이 넘는다고 들었습니다. 원주시 너덧 가구 중 한 가구가 적어도 조합원인데……

: 맞습니다. 타 지역에서는 찾아보기 힘든 많은 숫자이지요. 조합원이 중첩되는 부분을 제외해도 2만여 명은 충분히 될 겁니다. 이들이 원주 주민운동의 에너지원입니다. 물론 다 적극적인 조합원들은 아닙니다. 단순 소비자나 생산자 수준에 머물러 있는 이들도 많습니다.

협의회가 그동안 많은 성과를 낸 것으로 알고 있습니다. 그중에서

주민조례제정 운동에 대해 말씀해 주시지요.

: 2005년 주민조례제정운동을 통해 학교급식지원조례, 친환경 농업육성조례 등이 만들어졌습니다. 지금은 그를 바탕으로 활발한 활동을 펼치고 있습니다. 최근 로컬푸드 운동의 일환으로 만들어진 친환경급식지원센터가 구체적인 활동에 나섰습니다. 원주시청과 읍면 단위 초등학교, 일부 어린이집에 원주에서 생산된 친환경 쌀을 공급하기 시작했고, 사업 확대를 위해 노력하고 있습니다. 친환경급식지원센터는 지난 수년간 협의회의 모든 회원단체가 함께 이룩한 공동의 결실입니다. 상호연대가 없었다면 아마 불가능했을 겁니다.

최근 들어 사회적경제가 화두가 되며 사회적기업, 사회적일자리가 주목받고 있습니다. 협동조합운동이 사회적기업의 모범적인 사례를 만들고 있다고 하는데요.

: 관제화된 복지 시스템의 폐해가 재정이 있으면 일하고 없으면 안 되는 데 있습니다. 한마디로 지속적이지 못하고 소모적입니다. 그것을 넘어서기 위해 적극적 역할에 나서고 있습니다. 이것은 원주 협동조합운동의 역량을 가늠하는 실험이기도 합니다. 현재 활동가들이 관여하는 곳이 30% 정도 되는데, 대부분 사회적기업을 목표로 하고 있습니다. 협동조합운동이 지금까지 축적해 온 물적·인적 토대와 경험을 쏟아 부을 겁니다.

원주의료생협이 사회적서비스를 중심으로 여러 일자리를 만들고 있다고 들었습니다.

: 사회적일자리에 대한 이해는 협동운동 과정에서 구체화되기 시작했습니다. 특히 의료생협의 경우 지난해 노동부 사회적기업으로 인증되어 보건의료복지 분야에서 새로운 협동운동의 모델을 만들어가고 있습니다. 고령자지원팀 재가요양보험팀을 꾸려 일자리를 만듭니다. 다음 달부터 실시되는 재가요양보험에 맞춰 재가케어도 준비하고요. 여기에 취약계층을 투입할 때 지역의 빈곤, 사회적 양극화의 문제를 일정 부분 해결해 나갈 수 있을 겁니다.

원주지역에서 마이크로크레디트 운동도 활발하게 전개되고 있다지요?

: 몇 해 전 원주자활센터 중심으로 누리협동조합이 만들어져 기초수급자 차상위계층을 대상으로 한 소액대출 사업을 하고 있습니다. 뒤이어 갈거리협동조합이 노숙인 등을 대상으로 마이크로크레디트 운동을 펼쳐 왔습니다. 그에 힘입어 노숙생활을 벗고 전세생활을 하면서 새로운 삶을 도모하는 이들이 생겨납니다. 한 예로 노숙인 생활을 벗어난 뒤 대학 공부를 마치고 지역 사회단체의 실무자로 일하는 경우도 있고요. 그동안 대출사고가 단 한 번도 없었다는 것은 신뢰가 쌓였다는 반증이겠죠.

이제 조합원으로 이야기를 돌려보지요. 조합원교육이 무엇보다

중요하지 않습니까. 단순한 소비자 생산자로서만 아니라 민주시
민으로서의 역할도 견인해야 하지 않습니까?

: 다양한 프로그램을 만들어 조합원교육을 합니다. 주로 강연
회를 통해서 지역 현안, 사회적 이슈에 대한 이해를 돕고 여론을
환기시킵니다. 최근 쇠고기 국면에서는 그쪽에 정통한 전문가들
을 불러 여러 차례 강연회를 가졌습니다. 동물사료와 성장·항생제
를 쓰는 공장형축산과 광우병의 우려에 대한 교육을 통해 소비자
들의 경각심을 일깨웁니다. 생산자들도 유기축산의 중요성을 깨닫
습니다. 얼마 전에는 의료민영화와 GMO(유전자조작농산물) 문제에 대
한 강연회가 열렸고 다음 달에는 강기갑 민주노동당 의원 초청강
연회가 예정돼 있습니다. 그리고 협의회 기관지 〈원주에 사는 즐거
움〉을 월간으로 발행, 조합원과 일반 시민들에게 각종 정보를 제공
하고 있습니다. 현재까지 49호가 나왔습니다.

최근 들어 시민운동의 국제연대가 활발하게 펼쳐지고 있습니다.

: 의료생협을 준비하면서 선진 현장을 확인하기 위해 일본의
생협을 찾은 게 첫 국제교류입니다. 그게 2001년이었는데 그 뒤로
지속적인 교류가 이뤄지고 있습니다. 해마다 봄가을 단기연수도
하지만 유기농 쌀로 빚는 술 제조 등 생산연수를 1년간씩 다녀오
기도 합니다. 생협운동의 역사가 깊은 일본과의 교류에서 많은 것
을 배웁니다. 일본 활동가들도 원주에 오면 역동성에 자극을 받는
다고 합니다. 최근에는 '유전자조작을 반대하는 아시아 시민적운

동(GMO FREE ZONE운동)' 등 국제연대운동을 함께 펼칩니다.

조합운동이 활성화되면서 조합원 스스로 자신들의 뜻과 생각을 지역정치에 반영하고자 하는 욕구가 커질 겁니다. 그런 점에서 시민운동의 정치참여는 어떻게 생각하는지요?

: 일본 동경도의회의 경우 200명의 의원 중 50명이 생협 출신 의원입니다. 정치 아마추어리즘의 성공이라고 할 수 있겠지요. 의정비를 받으면 네트워크에 내고 활동비를 받아 씁니다. 공업지역인 한신의료생협은 시장까지 바꾸고 시의원 30%를 장악해 시민의 뜻과 생각을 의정으로 연결시킵니다.

이제 우리도 그만한 역량을 갖추지 않았습니까? 정치꾼들에게 우리의 미래를 맡길 수만은 없잖아요. 2만 가구의 조합원을 가진 원주에서 시민운동의 정치세력화는 기대할 수 있을 것 같은데요.

: 여전히 정파 싸움과 명망가가 출마하는 풍토가 걸림돌로 작용하고 있습니다. 이제 풀뿌리민주주의로 주민들 스스로 정치인을 키워내는 구조가 되어야 합니다. 일본의 경우는 5개 지역 지자체가 정치권력을 시민 중심으로 교체해 내는 성과를 이루었습니다. 원주도 10년 안에는 가능하지 않을까 생각합니다.

그러기 위해서 왜곡된 정치구조가 개선되어야 할 필요가 있을 것 같은데요.

: 학벌, 인맥, 돈이 없어도 시민의 대표가 될 수 있는 토양을 마련하는 것이 중요합니다. 지역주민의 조직화도 매우 중요합니다. 원주 인구의 20%가 협동조합운동의 영향력 안에 있는데도 불구하고 생활 속으로 스며들지 못하고 있습니다. 아직도 대부분이 먹을거리 공동구입 정도에 그치는 것을 보면서 주민조직화운동을 제대로 해내지 못한 것 같다는 반성을 하기도 합니다. 우리 동네, 우리 지역을 어떻게 가꿀 것인가부터 지역정치가 출발해야 할 것 같습니다.

시민의 자발적 참여로 뜨거운 이슈가 되고 있는 촛불집회를 조합운동과 연계해 이야기해 주세요.

: 촛불집회는 이념이나 정치보다 생활에서 출발했다고 봅니다. 생활의 문제가 이슈가 되었기 때문에 시민들 스스로 거리로 나선 것 아니겠습니까. 역시 협동조합운동도 생활 속에 뿌리를 내릴 때 지역 주민과 공감대를 형성하지 않을까요. 주민생활과 밀착한 협동조합운동이 펼쳐질 때 비로소 주민자치도 한 걸음 더 나아갈 수 있습니다. 앞으로 조합 운영도 활동가 중심에서 조합원 중심으로 바뀔 것입니다. 조합원, 바로 주민들이 협동조합 운동의 주인이기 때문입니다.

*2012년 12월 협동조합기본법 시행 이후 50년의
협동조합 운동 역사를 가진 원주에 전국적 관심

이 쏠리고 있다. 원주협동사회경제네트워크에 따르면 지난해 원주의 협동조합운동을 배우기 위해 전국에서 198개 단체 5000여 명이 다녀갔다고 한다. 원주협동사회경제네크워크는 2009년 한살림과 밝음신협, 원주의료생협 등 19개 협동조합과 사회적기업이 참여해 결성됐는데 회원수 3만5000명에 연간매출액은 300억 원에 이르고 종사자 수는 400여 명이다. 원주에는 이 네트워크에 속하지 않는 10여 개의 신협 등 많은 협동조합이 존재하고 있다. 한편 협동조합법 시행 이후 전국적으로 한달 평균 200개씩의 협동조합이 설립돼 2013년 6월말 현재 1400개를 넘어섰다.

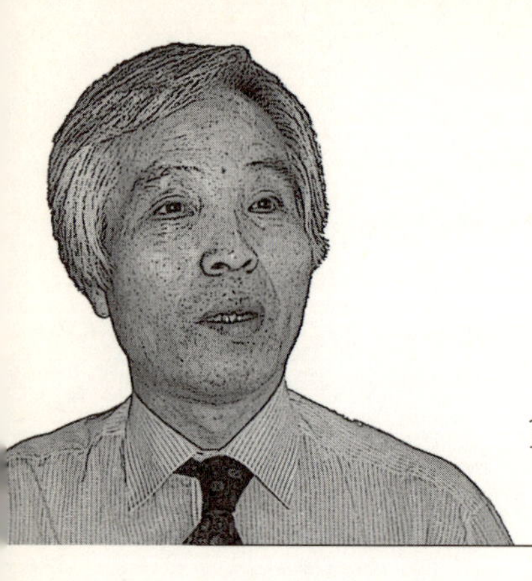

12. 공동체경제 일구는 '따뜻한 돈'
지역통화 '한밭레츠'

● 박용남 소장

현대인에게 돈은 무엇인가. 풍요를 가져다주는 수
단이 아니라 삶의 목적이 되어버린 것은 아닌가. 물
질문명 속에서 돈은 개인의 가치를 좌우하는 잣대로
서, 무한욕망을 자극하는 각성제로서 인간을 속박하
고 있다. 돈의 악마성에 영혼을 갉아먹힌 사람들은
삶의 여유와 이웃과의 연대마저 잊어버렸다. 이런
가운데 지역과 사람을 위한 따뜻한 돈의 존재가 새
로운 대안으로 자리잡고 있다. 바로 지역통화 운동
이다. 지역통화는 중동의 석유도 살 수 없고 해외펀
드에 투자하지도 못하지만 지역의 부를 순환시키고,
지역에서 생산되는 물건을 사고, 지역 안에 일자리
를 만든다. 돈이 지역공동체를 회복시키고 인간관계

를 따뜻하게 만들 때, 그것은 희망이 된다. 국내의 대표적 지역통화 운동인 대전의 '지역품앗이 한밭레츠' 시스템을 기획한 박용남 지속가능도시연구센터 소장을 만났다.

흔히들 지역통화를 인간의 얼굴을 한 돈이라고 합니다. 세계화 시대 허물어져 내리는 인간존엄과 지역공동체를 회복하는 대안으로 각광받고 있습니다. 지역통화의 대표적 시스템인 레츠를 소개해 주시죠.

: LETS는 Local Exchange Trading System을 줄인 것으로 우리말로 하면 '지역교환거래체계'가 되겠군요. 지역 안에서 구성원들이 신뢰를 바탕으로 서로 필요한 물품이나 서비스를 주고받는 자립적 경제활동입니다. 레츠의 연원은 인류가 재화를 교환하기 시작한 무렵으로 거슬러 올라갈 수 있지만, 지금처럼 체계화된 것은 1980년대 캐나다 코목스 밸리라는 섬마을에서였습니다. 당시 불황 때문에 실업자들이 무더기로 생겼고, 그들은 일할 능력과 의지를 갖고 있음에도 단지 현금을 소유하지 못한 이유로 경제활동에서 배제된 것이지요. 그때 컴퓨터 프로그래머 마이클 린턴이 고안해 낸 것이 레츠입니다. 주민들은 레츠를 매개로 서로 부족한 물품과 서비스를 교환하면서 현금 없이도 경제활동을 할 수 있다는 것을 보여줍니다.

지역화폐는 법정통화의 부정적 측면을 극복하고 부족한 부분을

보완하는 역할을 하는 걸로 알고 있습니다. 법정화폐와 비교해서 어떤 특성들을 갖고 있는지요?

: 중앙은행에서 발행하는 현금은 많이 가진 사람이 유리한 구조로 돼 있어 빈익빈부익부를 낳고 이웃 사이에 경쟁을 부추깁니다. 하지만 지역통화는 공동체 화폐로서 두 가지 특성을 갖고 있습니다. 지역경제의 활성화, 순환형 경제의 확립 등 경제적 측면과 호혜적(互惠的) 교환을 통해 상호부조적 공동체를 회복시키는 윤리적 측면입니다. 특히 윤리적 특성은 자본주의 경제를 내부로부터 변화시킬 수 있는 대안으로 가능성이 있습니다.

지금 우리 앞에 한미 FTA가 초미의 과제로 놓여 있습니다. 정부와 기업들은 그것만 성사되면 일자리가 늘어나고 경제가 급신장할 것이라고 선전하는데, 오히려 서민들의 생활은 더욱 피폐해지지 않을까 염려됩니다. 세계를 한 묶음으로 묶어 국제금융 자본의 지배력을 높이자는 세계화에 대항하는 대안으로서 지역통화 운동의 의의는?

: 1990년대 들어 선진국을 비롯해 세계전역에서 지역통화가 주목을 받기 시작했습니다. WTO 체제 이후 무차별적인 자본의 공략, 불공정한 거래에 지역경제가 큰 상처를 받았지요. 국가 간의 장벽이 무의미해지면서 재화가 지역에서 서울로, 서울에서 미국으로 빠져나갈 수밖에 없는 게 지금의 화폐 시스템입니다. 여기에 대항해서 공정한 교환과 지역경제 활성화를 목적으로 나타난 것이

지역통화 운동입니다. 지역통화는 불황기의 화폐 부족과 고실업 문제를 해결해 주는 처방전이 되고, 글로벌시장의 투기와 머니게임으로부터 지역경제를 분리하여 자율적이고 안정적인 성장을 유도하는 기반을 구축해 줍니다. 즉 세계화 체제의 다양한 외부 변수로부터 지역경제를 지켜주고 자체적 성장을 추구하는 대항 수단으로서의 가능성을 보여주고 있습니다.

돈은 중요한 존재임에도 불구하고 세계화 이후 사람들 사이에 무한경쟁을 부추기고 공동체를 해체하는 파괴적 존재로 인식되고 있습니다. 이런 가운데 공동체를 회복하는 역할로서 지역통화의 활약이 기대가 되는데요.

: 호혜적인 선물 교환을 바탕으로 한 공동체가 비호혜적인 금전적 교환으로 바뀌면서 공동체가 붕괴된다는 것이 일반적 이론입니다. 그것은 국가화폐와 같이 경쟁을 유발하는 화폐가 개입될 때 필연적으로 나타납니다. 역으로 호혜성을 가진 지역통화가 구성원들을 광장으로 끌어내 서로의 얼굴을 맞대게 할 때 지역공동체가 되살아날 수 있다는 것이죠.

우리의 전통 마을공동체의 자생적 경제활동인 '품앗이'와 닮은 점이 많군요. 전통마을에서 노동만 품앗이하는 것이 아니라, 경조사 때 물품까지 품앗이를 했잖습니까? 어느 집에 큰일이 있으면 집집마다 감주, 술, 문종이 등 물품을 부조합니다. 특히 부조를 형

편에 맞게 한다는 공평한 거래의 틀을 갖고 있죠. 들일 품앗이할 때 20대나, 60대나 같은 품으로 치듯이 말이죠. 이런 호혜의 정신이 지역통화에 내재되어 있다는 것이군요.

: 맞습니다. 지역통화는 공평한 거래를 전제합니다. 나아가 공동체 안에서 서로에 대한 이해를 바탕으로 선물, 사랑의 이름을 한 경제의 한 형태이기도 합니다. 한 사람이 많이 가져가고 독점할 수 있는 재화가 아니라는 것이죠. 그런 점에서 지역통화는 자본주의의 한계를 극복하고 공동체를 회복하는 해법을 제공합니다.

지역통화는 당연히 지역을 기반으로 하겠지요. 특히 생물지역주의를 전제로 한 생태적 경제구조가 인상적입니다.

: 지역통화는 특정한 지역, 제한된 공간 안에서 거래됩니다. 한밭레츠의 경우 대전을 그 범위로 하고 있습니다. 언젠가 경남 진주에서도 회원으로 가입하겠다는 농가가 나왔습니다. 하지만 거리가 멀면 교환 과정에서 에너지가 많이 소모됩니다. 생태적으로 문제가 되기 때문에 접근성을 고려하지 않을 수 없습니다. 사실 대전이라는 공간도 광범위합니다. 왕복 두 시간 이상을 소모하면서 거래를 성사시켜 회원들 사이에 잔잔한 감동을 불러일으킨 사례가 있었는데, 달리 보면 불필요한 에너지를 유발했다는 점에서 바람직하지 않습니다. 가급적 좁은 범위, 구나 동단위로 자급자족형 경제 시스템을 유도하는 것이 중요합니다.

우리나라에선 IMF 이후 대안으로서 지역통화 운동이 떠올랐고 전국에서 많은 시도들이 있어 온 것으로 알고 있습니다. 대전 한 밭레츠도 그런 사회적 배경을 깔고 있는지요?

: IMF 이후 기존 경제체제에 대한 불신이 팽배했습니다. 철석같이 믿었던 국가도 더 이상 국민들의 삶을 보장해 주지 못하고, 은행마저 붕괴되는 것을 목격하면서 주민들 스스로 가능한 자립적 삶의 토대를 모색하고 사람과 사람, 사람과 자연 사이의 공생을 모색하는 방안의 하나로 지역통화 운동을 시작한 것입니다. 이런 사회적 배경을 바탕으로 2000년 2월 회원 70명으로 한밭레츠가 출범했습니다. 한밭레츠에서 사용하는 화폐는 '두루'입니다. 널리, 두루두루 쓰이라는 뜻에서 이름 붙여졌습니다. 법정화폐와 등가의 원칙을 적용해서 1000두루가 1000원의 가치를 지닙니다. 화폐는 직접 발행하지는 않고 거래소의 계정을 통해서 물품이나 서비스를 교환합니다.

지난 8년 동안 많은 성과가 있었겠지요?

: 지금 회원은 600명을 넘어섰고, 지난해 7500여 건, 1억4200만 원어치의 물품과 서비스가 거래됐습니다. 창립 첫해인 2000년에 비해 거래 건수는 26배 거래액은 14배 정도 증가했는데, 가히 비약적인 발전입니다. 거래 내용을 보면 농산물(21.6%), 의료(19.4%), 채식뷔페 보육서비스 등 가맹점거래(14.2%), 재활용품(8.0%), 생산소모임(7.9%) 등입니다. 무엇보다 지난 8년간 거래액에서 차지하는

두루 사용비중이 절반을 넘는 것은 예상 밖의 성과입니다. 한밭레 츠가 중심이 돼 만든 민들레의료생협의 거래가 큰 힘이 되었습니 다. 아직 경제적 조직으로서는 미흡한 부분이 많지만 공동체 복원 에는 상당부분 기여한 것 같습니다.

최근 며칠간 거래내역을 살펴보니 50만 두루 기증, 차량동승에 5000두루와 옷 2000두루 교환, 천연아로마비누 5개를 현금 1만 5000원과 1만 두루에 판매, 레츠사무실 주방의 싱크대 수도꼭지 수리비 1만 두루 등 거래 내용이 다양하고 흥미로웠는데요.

: 레츠 안에는 80여 회원업체가 있고 최근 들어 어린이 봐주기 와 과외, 대체의료 등 새로운 형태의 거래도 나타나고 있습니다. 살아가면서 필요한 부분을 지역 안에서 서로 해결해 나가는 것이 지요. 이를 통해 개인의 잠재 능력도 발굴되고요.

회원 개개인에게 경제적 혜택을 주는 것뿐만 아니라 자긍심을 심 어주는 것도 지역통화 운동의 미덕이 되겠습니다.

: 스스로가 이웃에게 필요한 존재구나 하는 것을 깨달을 때 삶 의 가치를 느끼는 것이죠. 이것이 세계화시대에 피폐해진 인간성 을 회복하는 길이기도 하고요. 또 나에게는 필요 없는 물건도 필요 로 하는 이웃이 있다는 것을 알 때 함부로 버리지 못하죠. 재활용 을 통한 생태적 경제효과도 몸소 체험합니다. 이런 체험들을 통해 거대한 경제구조 속에서 나름대로 지역과 삶을 지켜나가는 방법

과 지혜를 배운다는 점에서 보람을 느낍니다.

지역통화 운동의 가능성을 한밭레츠를 통해서 살펴봤습니다. 앞으로 지역통화 운동의 확산을 위해서 어떤 점들이 필요한가요?

: 공동체를 회복하는 대안경제로서 지역통화 운동의 가능성은 무한하다고 생각합니다. 한때 전국적으로 수십 개의 지역통화가 있었으나 이런저런 이유로 유명무실해졌습니다. 한밭레츠의 경험을 토대로 각 지역에서 지역통화 운동이 활발히 일어났으면 합니다. 구성원들이 절실한 필요를 바탕으로 차근차근 준비한다면 어디서든 가능한 운동입니다. 특히 급증하는 노령인구를 지역통화 운동으로 흡수하면 노인 문제의 한 해법도 될 수 있습니다. 농민, 재단사 목수 등 기술자, 전문직업인 등이 서로 도움을 주고받는 사회, 팍팍하고 살벌한 이웃이 따뜻한 정이 흐르는 관계로 바뀌는 사회, 자만심이 아닌 자부심을 공유하는 세상을 지역에서 충분히 만들 수 있습니다. 지역통화가 아래에서부터 체제를 변화시킬 수 있다는 것이 레츠의 믿음이자 궁극적 목표입니다.

| '한밭레츠'의 또 다른 한 축 민들레의료생협

지난 2000년 의약분업사태 때 첨예하게 대치했던 정부와 의사협회는 국민건강권을 들먹였으나 정작 논의 과정에서 국민을 철저하게 소외시켰다. 당시 사태를 지켜보던 한밭레츠 회원을 중심으로 국민건강권 문제가 이슈로 떠올랐고, 민들레의료생협으로 열매를 맺었다.

의료생협은 의료, 건강, 생활과 관련된 문제를 주민과 의료인이 신뢰를 바탕으로 함께 고민하고 해결해 나가는 건강공동체로 환자의 권리와 생명가치를 우선하는 의료활동을 지향하고 있다. 의원, 한의원, 치과로 구성된 민들레의료생협의 조합원 수는 1000여 명이고 조합원 이용률은 30%에 이른다. 의료생협은 진료 활동과 더불어 지역주민들과의 관계도 중시하고 있다. 영세민아파트와 임대아파트가 밀집한 대덕구 법1동에 자리잡고 지역 저소득층을 대상으로 의료지원 사업도 활발하게 펼치고 있다. 또 어르신건강모임, 걷기모임, 라틴댄스모임 등 풀뿌리건강소모임을 통해 주민 건강생활에 힘을 보탠다. 무엇보다 눈길을 끄는 것은 건강실천단 운동으로, 주민들이 연중 건강목표를 세우고 실천해 나갈 수 있도록 지속적인 관리와 조언을 해준다. 참가자에게 지역화폐 '두루'를 나눠주며 활동을 유도하고 있다.

● 조영복 원장

빵을 팔기 위해 고용하는 것이 아니라 고용하기 위해 빵을 파는 기업, 좋은 일을 하면서 수익을 창출하는 기업, 시장과 가치라는 두 날개로 자본주의의 한계를 넘어서는 '착한 기업'. 사회적기업에 붙는 아름다운 수사들이다. 신자유주의와 첨단산업화가 가져온 무한경쟁, 노동의 종말이라는 모순적 현실 속에서 사회적기업은 새로운 대안으로 떠오르고 있다. 사회적기업연구원 조영복(부산대 경영학부 교수) 원장을 만나 우리 시대에 사회적기업이 갖는 의미와 전망에 대해서 들어봤다. 그는 "지역의 사회적서비스와 일자리를 창출하고 지역사회를 혁신시키는 견인차로서 사회적기업은 지역 시민사회·지자체와 유기적 관계를 가지는 것이 중요하다"며 사회적기업의 체계적 육성을 강조했다.

최근 국내에서도 사회적기업에 대한 관심이 부쩍 늘고 있습니다. 영리를 위한 경제활동뿐 아니라 세상을 바꾸는 가치에 비중을 두고 있는 사회적기업이 양극화가 심화되는 신자유주의 시대의 새로운 대안으로서 주목받고 있습니다.

: 사회적기업은 경제적 목적과 더불어 사회적 목적도 동시에 추구하는 '선한 기업'입니다. 서구사회에서는 보편화되어 있지만 우리에게는 많이 생소한 개념이기도 합니다. 사회적기업은 늘어나는 복지비용의 문제와 실업이라는 경제적인 문제를 동시에 해결할 수 있는 그릇이기도 합니다. 서구사회의 경우 사회적기업은 보다 나은 사회를 만들고자 하는 시민사회의 신념으로 성장해 왔습니다. 짧은 기간 동안 높은 경제성장이 가져온 사회양극화의 문제들이 사회적기업을 통하여 슬기롭게 해결될 수 있다는 겁니다. 우리 사회를 한 단계 도약시키는 질적인 변화가 사회적기업을 통하여 이루어질 수 있다는 것이지요.

일자리의 질과 양 문제가 성장논리로만 해결되지 않습니다. 특히 첨단산업화 시대의 '고용 없는 성장' 속에서 일자리는 심각한 사회문제입니다. 일자리 창출 차원에서 사회적기업의 가능성은 어떻습니까?

: 사회적기업은 유럽의 경우 기업정책과 함께 고용정책으로 고려되었습니다. 그러므로 사회적기업의 주된 목표 중의 하나는 일자리 창출입니다. 민간이 경제적인 이유로 제공하지 않는 시장과 정부의 관료주의로 인하여 실패한 시장은 사회적기업에 의하여 공급이 이루어질 수 있습니다. 그리고 청년들의 사회봉사와 기업가정신이 어우러져 만들어지는 사회벤처기업은 청년실업을 창의적으로 해소할 수 있는 모델입니다.

고령화사회로 접어드는 우리나라의 경우 노인들의 일자리 창출에 사회적기업이 기여할 수 있는 여지가 많지 않을까요?

: 그렇습니다. 은퇴자들이나 노인들이 사회봉사와 더불어 경제적인 수익도 창출할 수 있는 기회가 사회적기업에 의하여 주어집니다. 시니어에 의한 시니어를 위한 사업 아이템은 좋은 사회적기업 모델이기도 합니다. 그리고 직장에서의 오랜 경험을 사회에 공헌하면서 제2, 3의 인생을 사회적기업을 통하여 설계할 수도 있습니다. 취약계층을 위한 컴퓨터교육, 집수리 등 다양한 사회적기업 모형을 노인을 위한 일자리 창출 사업으로 고려할 수 있을 것입니다.

유럽과 미국에선 1990년대부터 자본주의의 역기능에 대한 대안으로서 사회적기업이 자리잡아 왔습니다. 그들 사회에서 사회적기업이 어떤 긍정적 역할을 했는지요?

: 사회적기업은 효율적인 사회적 가치 창출에 대한 시장의 요청에 의하여 탄생했습니다. 즉 자본주의사회의 전개 과정에서 야기된 사회적 갈등의 해소 차원에서 시장의 실패와 정부의 실패를 시정하고 보완하기 위한 것입니다. 이러한 사회적기업은 우선 지속 발전 가능한 경제활동을 통한 부의 창출에 기여하고 있으며, 양질의 공공서비스를 제공하고 있습니다. 뿐만 아니라 고용기회를 통해 소외된 사람들에게 자립기반을 제공함으로써 예상되는 반사회적 행위를 줄이기도 합니다. 무엇보다 사회적기업은 지역사회 자본을 개발하고 지역사회의 욕구에 맞는 서비스를 제공하는 등 지역의 변화와 혁신에 기여하고 있습니다.

우리의 전통사회에서 사회적기업과 유사한 형태는 없었습니까? 예를 들어 부조나 계 같은 경우는 어떻습니까? 일각에선 참여연대 등 시민단체의 활동도 사회적기업의 범주로 보는데.

: 사회적기업은 좋은 일을 경영마인드로 한다는 개념입니다. 그렇게 본다면, 협동조합이 가장 유사한 형태가 될 것입니다. 유럽의 경우 사회적기업의 범주에서 협동조합이 차지하는 부분이 매우 큽니다. 우리나라의 부조나 계 같은 경우도 넓은 의미에서는 사회적기업의 개념과 유사하다고도 볼 수 있습니다. 하지만 사회적기업은 지속적으로 재화를 생산하거나 서비스를 판매하는 활동이 이루어져야 합니다. 일시적이고 자선적인 활동은 사회적기업의 범주에 속하지 않습니다. 그리고 이런 기준에서 본다면, 사회봉사 활

동이나 순수한 NGO 활동 등은 사회적기업으로 보기가 어렵겠지요. 재단이나 사회단체 등은 고유한 목적이 있으므로 굳이 사회적기업일 필요는 없습니다. 다만 아름다운재단의 '아름다운가게'와 같이 영리적인 활동을 통하여 사회봉사활동을 하고자 하는 일부 사업단들은 사회적기업으로 볼 수 있습니다.

정부에선 2012년까지 1000개의 사회적 기업을 육성하겠다고 하는데, 사회적기업에 대한 정책기조와 전망은 어떻습니까?

: 우리나라의 사회적기업에 대한 논의는 10여 년 전 IMF로 실업의 문제가 심각해졌을 때부터 시작되었습니다. 2007년 들어서야 사회적기업육성법이 시행되었습니다. 노동부는 현재 사회적기업 육성을 위한 기본계획을 수립 중에 있으며, 체계적인 추진을 위하여 지난달 고용정책실에 사회적기업과를 설치하였습니다. 새 정부의 100대 과제에 사회적기업 육성이 포함되어 있으며 노동부의 10대 과제 중의 하나입니다. 정부의 정책은 사회적기업 친화적 환경 조성에 적극 나선다는 기조를 가지고 있으며, 사회적기업의 경쟁력을 강화하여 시장에서 지속 가능하도록 하는 데 있습니다. 이러한 정책기조는 바람직한 것이며 성공적으로 사회적기업을 육성하고 있는 영국 정부의 사례로 볼 때, 그 전망도 밝다고 하겠습니다. 특히 윤리적 소비의 확산, ISO 26000으로 세계적으로도 기업과 시민단체나 비영리 조직들의 사회적 책임에 대한 관심이 높아져 가는 것을 볼 때 사회적기업은 사회 변화를 위한 시의적절한 선택

이라고 할 수 있습니다.

지난 1년간 부산 등 전국에서 사회적기업이 100여 개 이상 인증 받은 것으로 알고 있습니다. 대체적으로 기업의 유형이나 개략적 특징은 어떻습니까?

: 현재 네 차례의 인증 신청을 받아 108개의 사회적기업이 인증되었습니다. 수도권에 약 60%가 있으며, 환경과 사회복지, 가사·간병 분야에 각각 20개 정도의 기업이 포함되어 있습니다. 상법상의 회사가 40%, 민법상의 법인이 20%를 차지하고 있으며 일자리 제공형이 36%, 사회서비스 제공형이 15%, 혼합형이 28%입니다. 10인 이상 30인 미만 기업이 절반을 차지하고 있으며 평균 고용인원은 35명 정도입니다.

부산에도 안심생활 등 세 곳이 인증을 받았는데, 활동 성과와 전망 등에 대해 구체적으로 말씀해 주세요.

: 사회적기업육성법이 시행된 지 1년이 되었습니다. 아직 사회적기업에 대한 시민사회의 이해 폭이 넓지 않아 이미 실질적으로는 사회적기업이면서도 사회적기업 인증을 받지 않은 기관들도 많습니다. 대표적으로는 SK텔레콤이 지원하는 행복도시락 등을 들 수 있겠죠. 앞으로 우리 지역사회에서 사회적일자리 사업을 추진하고 있는 기관들도 사회적기업으로 전환할 것으로 보이며, 자활활동들도 사회적기업에 관심을 많이 갖고 있는 것 같습니다. 현

재 인증된 세 곳은 생협에서 출발하거나 민간 자원봉사활동에서 시작한 것으로 활발한 활동을 펼치고 있습니다.

지구온난화와 빈부격차 심화 등 우리 사회가 안고 있는 문제들이 많습니다. 결국 우리에게 다가온 위기를 해결하는 것도 사회적기업의 주요한 역할일 것 같은데요.

: 사회적기업은 경제적 목적과 사회적 목적, 그리고 환경적 목적을 동시에 추구하는 기업입니다. 지속 가능성을 생각하면서 경영 활동을 한다는 것입니다. 그러므로 사회적기업은 환경과 지역의 문제를 해결할 수 있는 좋은 그릇입니다. 또 저소득층 무료급식, 폐기물 수거 및 재활용, 장애아동 대상 방과후학교, 노인 돌보미, 저소득층 창업지원 등 교육·보건·사회복지·환경 및 문화 등의 분야에서의 다양한 사회서비스를 전개할 것입니다.

이런 위기를 성장 동력으로 입지를 굳힌 사회적기업의 모델이나 모범적 사례를 해외에서 찾아보면 어떤 게 있는지요?

: 여러 모형이 있습니다. 그중에서도 빈부격차의 산물인 노숙자 문제 해결을 위한 〈빅이슈(Big Issue)〉가 좋은 사례가 아닌가 생각됩니다. 존 버드(John Bird)는 바디숍(The Body Shop)의 애니타(Anita)와 고든 로딕(Gordon Roddick)의 도움을 받아 1991년 9월에 회사를 열고 〈빅이슈〉란 잡지를 창간했습니다. 뉴욕에서 노숙자들이 〈길거리소식(Street News)〉이라는 신문을 파는 것에서 영감을 얻어 만

들어진 빅이슈는 노숙자들이 판매하며, 노숙자들이 일정비율을 소
득으로 가져갈 수 있도록 했습니다. 존 버드는 매주 직접 잡지의
칼럼을 쓰고 있으며, 노숙자들이 잡지를 팔면서 다른 기술을 습득
하고 능력을 개발할 수 있도록 1995년에 빅이슈재단(The Big Issue
Foundation)을 세웠습니다. 빅이슈는 현재 세계 28개 나라에서 팔리
고 있지요.

**사회적 약자인 소외계층에 대한 배려 등 취약계층의 일자리 지원도 사
회적기업의 역할로 꼽을 수 있는데, 어느 정도 실현되고 있는지요?**

: 우리나라 사회적기업의 유형은 크게 일자리 제공형과 사회서
비스 제공형 두 가지입니다. 현재 일자리 제공형이 39%이며 사회
서비스 제공형이 15%입니다. 일자리 제공형의 경우 30% 이상을
취업취약계층인 노인이나 여성, 그리고 장애인들로 구성하도록 하
고 있습니다. 사회적기업의 상당수가 일자리 제공형이라는 측면에
서 본다면 사회적기업이 사회적 약자들을 위한 일자리 창출에 상
당 부분 기여하는 셈이지요

**지역의 공동체를 만드는 기업, 지역사회에 복지를 제공하는 기업
이 또한 사회적기업 아닌가요. 협동조합 운동과 연계한 지역사회
활성화 운동으로서의 가능성에 대해 말씀해 주시죠.**

: 앞으로 다양한 사회적기업이 활동하게 되리라 여깁니다. 특
히 협동조합은 유럽의 경우에서 보듯이 사회적기업 활동의 원조

이기도 합니다. 그러므로 우리나라에서도 활발한 활동을 펼치고 있는 소비자, 생산자 협동조합 등이 사회적기업과 연계될 것으로 보입니다.

사회적기업은 정부의 재정지원을 바탕으로 꾸려지고 있는데 따른 한계와 활성화 방안은, 그리고 자활후견기관 등의 활동과는 어떤 차이가 있는 건가요?

: 사회적기업에 대한 정부의 지원은 가급적 일몰제를 채택하고 있습니다. 일정 기간의 지원이 지나면 자립하도록 한다는 것이 정부의 방침이며, 그러한 지원도 경쟁을 통한 공모 방식을 취하고 있습니다. 자활후견기관의 활동과도 유사한 점이 있습니다만 근본적으로 시장에서 경쟁하도록 한다는 면에서 차이가 있습니다.

공정거래 등 착한기업으로서 정부나 지자체가 해결하지 못하는 사회·경제적 문제의 해결자로서 역할과 전망은 어떻습니까?

: 사회적기업은 공정한 사회를 건설하는 데 도움이 됩니다. 사회배제의 문제를 해결하는 역할도 하고 있습니다. 영국의 경우 약 5만5000개의 사회적기업이 존재하며, 유럽의 경우 약 900만 명이 사회적기업에 종사하고 있습니다. 환경과 인권, 빈곤과 여성 문제를 해결하려는 노력들이 사회적기업에 의하여 이루어지고 있는 것이지요. 정부가 할 수 없고, 민간이 하지 않는 분야에서 사회적기업은 눈부신 활동을 하고 있습니다.

사회적기업을 지원하는 대표적 기구로서 아쇼카재단과 제3세계의 대표적 사회적기업인 그라민은행의 활동상은 널리 알려져 있는데요.

: 아쇼카(Ashoka) 재단은 사회적기업가 정신을 널리 알리고자 하는 뜻을 가졌던 빌 드레이턴(Bill Drayton)에 의해 1980년에 설립되었습니다. 폭력을 거부하고 자신의 삶을 사회복지와 경제개발에 헌신한 인도의 지도자 아쇼카를 기리고 있습니다. 아쇼카재단은 긍정적인 사회변화를 추진하기 위해 국가 및 국제적 차원에서 지속 가능하고 반복 가능한 혁신적 솔루션을 가진 사회적기업가들에게 투자합니다. 아프리카, 아메리카, 아시아, 유럽, 중동 등에 25개 지역본부를 운영하며 약 160명의 직원들을 두어 아쇼카 펠로우(Ashoka Fellows)를 지원하고 있지요. 유누스가 1983년 설립한 그라민은행은 무담보 소액대출 은행입니다. 시골마을의 빈곤퇴치를 위하여 27달러를 주민들에게 빌려준 것이 계기가 된 그라민은행은 지금 37개국에서 9200만 명에게 무담보 소액대출을 하고 있습니다. 가난한 이웃에 소액을 대출하여 스스로 자립하게 하며 빈곤 퇴치에 앞장서 왔습니다. 유누스는 그라민은행을 통해 경제적 평화가 정치적인 평화에 못지않음을 입증한 공로로 노벨평화상을 받기도 하였습니다.

사회적기업의 사회적 가치를 추구하는 정신이 시장 진출에 도움이 될 수도 있겠지만 한계로도 작용할 것 같습니다.

: 선진국의 예에서도 보듯이 사회적기업의 성공은 쉽게 오지 않습니다. 변화무쌍한 환경 속에서 치열한 경쟁을 거쳐야 하는 기업의 생리를 생각한다면, 착한 일을 하면서 돈까지 버는 것은 그야말로 하늘의 별 따기만큼이나 어려운 일이 아닐 수 없겠지요. 기업 경영의 측면에서 본다면 사회적기업의 성공은 일반기업의 성공과 그리 다르지 않아요. 기업이 생산하는 경제적 가치가 소비자와 생산자 모두에게 이익이 되어야만 생존할 수 있듯이 사회적기업이 생산하는 사회적 가치와 경제적 가치 역시 고객과 사회적기업 모두에게 이익이 되어야만 합니다. 이를 위한 필요충분조건은 사회적기업의 경쟁력과 고객의 존재입니다. 시장에서 팔리는 가격보다 낮은 원가로 제품을 생산할 수 있는 사회적기업의 역량이 필요조건이라면, 사회적기업의 가치를 인정하고 제품을 구매하기 위하여 지불하는 가격보다는 제품의 가치가 높다고 평가하는 '선한 소비'의 존재는 충분조건인 것이죠. 선한 소비가 단순한 기부나 일시적인 동정에 그치지 않고 지속되기 위해서는 시민사회의 사회적기업에 대한 참된 이해가 바탕이 되어야 합니다. 자본주의사회의 성장과정에서 야기된 계층 간의 소득격차를 비롯한 양극화, 실업과 사회적 배제의 문제를 해결할 수 있는 사회적기업의 가치에 대한 이해는 사회적기업 친화적 환경 조성의 알파이며 오메가라고 볼 수 있겠습니다.

'1사 1사회적기업 운동' 등 사회적기업 활동을 북돋을 수 있는

방안들이 전개되고 있는데, 성과가 있는지요?

: 지난주 사회적기업과 관련한 의미 있는 자리가 있었습니다. 우리나라 대기업의 사회공헌 담당자들과 사회적기업 지원기관, 그리고 정부관계자들이 한자리에 모였습니다. 사회적기업에 대한 이해의 폭을 넓히고 사회적기업을 기업의 사회공헌의 한 방안으로 모색해 보는 자리였습니다. 현재 현대자동차, SK, 그리고 교보가 선도적으로 사회적기업을 지원하고 있으며 앞으로 우리나라 기업의 사회공헌 활동의 한 축으로 자리잡게 될 것으로 보입니다.

사회적기업이 가져야 할 가장 귀중한 덕목은 무엇이라고 생각합니까?

: 사회적기업은 사회적 목적과 더불어 경제적 목적을 추구합니다. 그러나 경제적 목적을 위하여 사회적 목적을 상실하지는 말아야 합니다. 돈을 버는 일보다는 착한 일을 하는 것이 우선이라는 것입니다. 사회적기업의 경영자인 사회적기업가는 창조적 자본주의 정신을 갖추어야 하며, 높은 윤리의식이 사회적기업의 가장 큰 덕목이 되어야 합니다.

*2007년 사회적기업육성법 제정으로 인증제가 시작된 후 사회적기업은 공적서비스의 확대, 취약계층 일자리제공 등 상생경제의 새로운 모델로 급성장하고 있다. 법제정 당시 36개였던 사회적기업은 2013년 7월 862개로 늘어났고, 예비사회적기업도

1800개를 훌쩍 넘어섰다. 부산의 경우 2009년 사
회적기업육성조례가 제정된 이후 지자체의 적극
적 지원으로 57개의 사회적기업과 100여 개의 예
비사회적기업이 활동하고 있다.

14. 환경과 생명 살리는
우리의 '오래된 미래'

● 홍성 환경농업마을

대안의 현장을 찾으며 이 시대 위기의 실체를 확
인할 수 있었다. 신자유주의의 얼굴을 한 무한경쟁
과 탐욕스러운 자본은 우리의 일상을 갉아먹고 겨우
명줄만 남은 공동체의 목을 짓누른다. 대안을 모색
하는 이들은 하나같이 우리 시대의 야만적 폭력성이
스스로를 자해하는 데까지 이른 현실을 걱정했다.
그런 점에서 지구촌을 강타한 미국발 금융위기가 시
사해 주는 바가 크다. 자본주의의 깊은 병증을 극적
으로 드러내며 사회혁신의 절박함을 경고한 것이다.

벼랑에 몰려 스스로를 성찰하는 계기를 얻는다면
전화위복이 될 수도 있다. 물질만능에 길들여진 삶
을 돌이켜 도에 넘친 욕망을 다스리고 풍요의 유혹

으로부터 헤어날 때 세상은 다시 희망을 노래할 수 있지 않을까. 다섯 달 동안의 여정을 통해 우리의 미래를 구원할 지속 가능한 세상은 첨단산업과 금융이 아니라 생명에 뿌리박고 있는 농업에 의해 이뤄질 것이란 확신을 얻었다. 대안과 모색의 마지막 발길을 충청남도 홍성군 홍동면 문당리 홍성환경농업마을로 향했다. 그곳은 한국 환경농업의 메카이자 우리의 오래된 미래이기도 했다.

홍성으로 가는 길목이 분주했다. 수도권의 위성도시로 떠오른 아산은 마치 공사판을 방불케 했다. 완공을 앞둔 대규모 아파트단지와 널찍한 고속화도로, 팽창하는 도시의 탐욕은 거침이 없다. 농민들의 땅은 잠식당하고 주체할 수 없는 물신만이 폭발할 따름이었다. 홍성으로 향하는 버스 창밖엔 어두운 들판이 뒤척이고 있었다.

문당리 홍성환경농업마을은 홍성읍에서 택시로 20분 거리에 있었다. 환경교육관에 닿자 이 마을의 지도자 주형로(50) 씨가 반갑게 맞아준다. 솔숲에 둘러싸인 250여 평의 환경농업교육관은 문당리의 심장이자 한국농업의 미래이다. 이곳에서 농민과 소비자가 도농이 상생하는 환경농업의 가치를 배운다. 가을걷이축제 준비를 돕기 위해 지원 나온 대학생 자원봉사자들이 일을 마무리하고 있었다. 숙소인 방문자센터에 여장을 풀고 앞이 툭 터진 베란다로 나와 깊은 호흡을 했다. 외등 불빛이 희미하게 부서지는 들판이 눈에 찼다. 솔향기와 함께 가을바람에 실려 온 곡식 무르익는 들판의 냄새, 거름 냄새가 구수했다.

쌀과 나눔이 주제가 된 가을축제

개천절 아침, 환경교육관에는 마을주민들이 축제를 준비하느라 분주하다. 주먹밥 재료와 떡을 나르고, 체험행사를 위한 소품들이 마을 행사장 곳곳으로 보내졌다. 교육관 마당에서 내려다본 마을은 옅은 안개 속에 잠겨 있었다. 들 건너편으로 '2008년 가을걷이 나눔의 축제' 주행사장인 전통가옥체험관이 눈에 들어왔다. 앞마당엔 무대가 꾸며지고 수백 개의 의자가 가지런히 열을 지어 있었다. 주변의 환경농업역사관, 황토찜질방, 노인회관 등 근사한 건물들이 아담한 풍력발전기들과 잘 어울린다.

안개가 걷히자 마을 모습은 또렷하게 들어왔다. 들판과 마을시

문당리 들녘 너머로 보이는 환경농업교육관

설 곳곳에 설치된 문패 만들기, 흑미 염색, 투호놀이, 널뛰기, 환경·먹거리 영상물 보기, 메뚜기 잡기, 허수아비 옷 입히기, 손모내기, 떡메 치기, 대체에너지 실험, 쌀겨비누 만들기, 소 먹이 주기 등 체험코너와 인절미와 식혜, 돼지고기·부침개와 막걸리 등 먹을거리 코너가 손님을 기다리고 있었다.

이날 문당리 가을걷이 축제를 찾아올 손님은 도시소비자들로 주로 생협 회원들이다. 10시가 넘어서자 철도생협, 한겨레초록생협, 부천생협 등 깃발과 배지를 단 도시소비자 생협 회원들이 줄을 지어 마을로 들어선다. 전국 각지에서 온 수십 대의 버스와 자가용이 마을 입구 도로에 줄지어 장관을 이룬다. 이날 축제에 참가한 외지인들은 1600명이 넘었다.

이번 축제의 화두는 쌀. 마을 입구에서 등록하면 한 사람 앞에 500g들이 홍미(紅米) 한 봉지가 나눠졌다. 이 쌀 한 봉지가 축제에 사용할 화폐. 참가자들은 쌀을 한 줌씩 내놓고 주먹밥과 떡, 돼지고기와 막걸리, 음료수를 사먹는다. 쌀은 이날 운송수단인 트랙터마차 요금과 각종 체험의 대가로도 사용된다. 천대받고 멸시받아온 쌀이 이날 행사의 주인공이 된 것. 전통가옥체험관 한쪽엔 나눔의 항아리가 놓여 있었다. 어려운 이웃에 전할 쌀을 십시일반 걷기 위해서다. 오후 5시 행사가 모두 끝나고 귀갓길에 오른 손님들의 빈 봉투에 다시 쌀을 채워준다. 나눔의 항아리에 남은 쌀을 다 기부한 기자의 빈 봉투는 온전한 한 봉지의 쌀로 되돌아왔고, 절반을 쓴 이에게는 절반만큼 다시 채워졌다. 나누는 삶의 귀중함을 인식시킨 마지막 반전(反轉)이 인상적이었다.

주형로 씨는 모심기철과 수확철 해마다 두 차례씩 열리는 오리쌀축제가 도시소비자와 농촌생산자를 잇는 가교라고 말한다. "얼굴을 맞대 음식을 같이 먹고, 공연을 함께 보면서 마음을 잇습니다. 이런 자리를 통해 소비자와 생산자가 먹을거리 공동체라는 사실을 깨닫고 신뢰를 구축합니다. 문당리에는 한 해 2만여 명의 외지 농민과 소비자들이 찾아와 음식과 농업 문제를 토론하고 고민합니다. 환경농업교육관과 마을축제는 생산자와 소비자를 연결하고 건강한 밥상을 모색하는 가교입니다. 무엇보다 도시의 아이들이 이곳에서 흙을 밟고 들판을 달리는 모습을 보며 미래의 희망을 확신합니다."

30년 오리농법과 자립영농의 성과

문당리는 친환경 유기농업의 메카이다. 오리농법으로 대표되는 이곳 환경농업은 지난 30년간 홍동면 전체로, 전국 곳곳으로 퍼져나가고 있다. 노무현 전 대통령이 귀향한 김해 봉하마을의 오리영농도 이곳에서 배워간 것이다. 중국 등 해외까지 명성이 자자한 문당리 환경농법은 1979년 스물한 살의 젊은 농사꾼 주형로 씨가 앞장서서 일궈낸 성과이다. 오리농법으로 생산되는 이곳의 쌀은 1998년부터 무농약농산물 인증을 시작으로 유기농산물 인증까지 받았다. 올 가을 문당리를 비롯한 홍동면 일대 250만 평의 논에서 오리농법 벼를 거둬들인다.

오리농법의 기수 주형로 씨(오른쪽)

한국의 대표농촌 문당리가 이룬 성과의 배경에는 자발적이고 진취적인 농민상이 자리잡고 있다. 이들의 자립정신은 정부의 지원에 기대지 않는다. 50여 주민들이 십시일반으로 지난 10여 년간 12억 원이란 거액의 마을기금을 마련했다. 주민들은 기금으로 3000여 평의 땅을 사서 직접 3만 개의 벽돌을 찍어 환경농업교육관을 지었다. 그게 2000년 12월의 일이다. 이런 과정을 통해 문당리 농민들은 하늘은 스스로 돕는 자를 돕는다는 불변의 진리를 체득했다.

이들의 자발성은 학교급식에까지 이어져 홍성군의 친환경급식 조례 제정의 결정적 계기가 된다. 주민들이 홍동면에 있는 각급학교에 유기농급식을 제안하면서 일반급식과의 차액을 스스로 부담했다. 이런 적극적이고 주체적인 태도가 관(官)을 움직인 것이다. 정부 지원으로 하는 사업에도 반드시 마을기금이나 주민의 돈을 같이 투자한다. 자신의 돈이 들어가면 일에 대한 관심도부터 달라진다고 한다. 대부분 농촌지원사업이 실패하는 이유가 공돈이라는 인식 때문이라는 주형로 씨의 분석이 설득력 있어 보인다.

100년 뒤를 내다보는 농촌마을

문당리는 100년 미래의 계획을 갖고 있다. 작은 농촌마을이 한 세기의 청사진을 갖고 있다는 것은 놀라운 일이다. 2000년 겨울 환경농업교육관을 주민들이 직접 지으면서 미래 설계의 필요성을 공감했다고 한다. 이들의 100년 계획의 뒤에는 공동체 정신이 뒷받침하고 있다. 마을 공동재산을 많이 만들고 끊임없이 민주적인 토론을 해온 결과물이기도 하다.

환경농업의 미래를 담은 '21세기 문당리 발전 백년계획'은 주민들과 서울대 환경대학원, 녹색연합 등이 함께 고민하며 만들었다. 230여 페이지에 달하는 책자로 엮어진 백년대계에는 '넉넉한 문당리, 오순도순한 문당리, 자연과 사람이 건강한 문당리'로 이들의 꿈이 집약되어 있었다. 2030년까지 지속 가능한 마을 기반 구축을 목표로 한 이들의 청사진은 삶의 질 개선, 두레공동체의 회복, 세대의 연속, 고용창출 및 자립경제 완성, 도시민의 고향 등 구체적인 목표와 정밀한 실천계획으로 정리돼 있다.

먼저 넉넉한 문당리는 경제적 자립을 목표로 한다. 오리농법으로 재배한 쌀을 특화하고, 한약원 한우원 종합가공공장 등 새로운 소득원을 만든다. 환경농업교육관을 중심으로 녹색관광프로그램을 마련하고 인터넷을 통해 도시와 교류의 폭을 넓히고 지구촌까지 확대한다는 야심찬 계획도 갖고 있다.

마을도서관과 농업박물관 등을 만들어 평생교육 기반을 구축하고 전통문화에 대한 이해의 폭도 넓힌다. 젊은 농민의 귀농을 적극 유치해 10, 20, 30대의 인구를 늘리는 중장기 계획도 있다. 마을 한약원과 인근 의료시설을 연계해 평생의료 체계를 확보하고 농번기의 공동식당을 운영하는 등 두레공동체를 되살린다는 계획도

문당리 농업박물관

세우고 있다.

들판 어귀에는 자연정화 연못을 설치해 생활오수를 처리하고 하천변 식생을 자연적으로 형성하는 지역 생태계 살리기 계획도 있다. 태양열과 풍력, 바이오가스를 이용한 자연에너지의 효율적 사용과 태양열 패시브 주택의 개발도 활발하게 추진되고 있다.

'위대한 평민' 길러내는 풀무학교

문당리 환경농업마을의 뿌리에는 풀무학교가 있다. 올해 개교 50년을 맞은 풀무학교는 대안학교로 잘 알려져 있지만 실은 건강한 농부를 키우는 농업학교이다. 문당리와 조금 떨어진 홍동면 소재지에 있는 이 학교는 20여 명의 교사와 70여 명의 학생이 우리 농촌의 미래를 고민하며 땀을 흘리고 있다. 몇해 전에는 전공부(專攻部)가 생겨 20여 명의 학생들이 유기농업에 대한 전문적 학문을 배우고 연구하고 있다.

1958년 이찬갑 주옥로 선생에 의해 설립된 풀무학교는 여느 학교와 달리 지역을 섬길 인재를 기르는 것이 교육의 목표이다. 좋은 대학에 진학하고 출세하기 위한 것이 아니라 지역에 정착해 농사를 지으며 더불어 살 평민을 길러온 것이다. 그동안 1000여 명의 '위대한 평민'을 배출해 낸 풀무학교는 홍성의 브레인이자 심장이다.

풀무학교 출신들은 홍동면 일대에 제빵공장, 비료공장, 유기농 창고 건조장, 우유공장에서부터 조합원 1500여 명의 신협, 연매출

140억 원의 생협, 환경농업교육관, 미래세대 60여 명이 뛰어노는 어린이집 등을 만들고 꾸려왔다. 황토찜질방도 만들었고 무인헌책방과 출판사, 마을소식지도 내고 있다. 자급자족과 지속 가능한 토대를 이들이 다지고 있는 것이다.

풀무학교의 실사구시 교육정신은 졸업(풀무학교는 졸업을 새로운 시작을 의미하는 창업으로 부른다) 때 쓰는 창업논문에 잘 나타난다. 창업논문은 창업생의 청사진이기도 하다. 전국 최초로 문당리에 오리농법을 도입해 유기농업을 선도한 주형로 씨는 '이 지역에 유기농업을 어떻게 정착시킬 것인가'라는 주제로 창업논문을 썼다. 우리나라 첫 지역신문인 홍성신문을 창간했던 이번영 씨의 창업논문은 '지역신문 만들기'를 다뤘다. 풀무학교라는 온전한 배움터가 '생각하는 농민, 준비하는 마을' 문당리의 밑거름이 된 게 분명하다.

"환경농업마을 문당리가 우리 농촌의 미래가 되었으면 합니다. 이곳에서 유기소농의 성공적 정착을 보여줄 것입니다. 성장지상주의에 모든 것이 맞춰진 시장만능의 시대에 우리가 어떻게 공동체를 회복하고 인간다운 삶을 추구해 가는지 지켜봐 주십시오." 주형로 씨의 다짐에 갑자기 100년 뒤의 문당리가 머릿속에 파노라마처럼 펼쳐졌다.

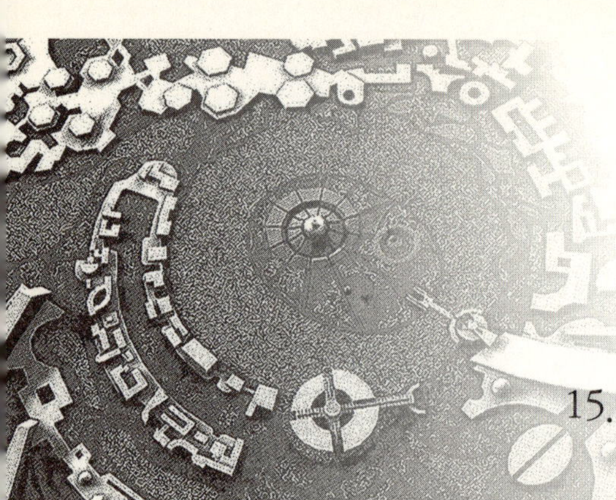

15. 인종과 종교를 뛰어넘어
황무지에 일군 이상향

● 인도 오로빌

(상) 열린 공동체

왜 오로빌인가. 남인도 최대의 도시 첸나이 마드라스 공항에서 오로빌까지 세 시간, 어스름이 내린 벵갈의 바다가 차창으로 부딪쳐오는 150km의 해변 도로를 달리면서도 선뜻 답이 나오질 않았다. 인종과 종교를 초월해서 만든 공동체, 인류의 영적 진화를 믿으면서 새로운 대안을 모색 중인 오로빌, 그곳에서 무엇을 구할 수 있을까. 공항을 빠져나오면서 숨이 턱 막히던 후텁지근한 더위가 오로빌로 들어서면서 말끔히 가셨다. 가슴을 파고드는 숲과 흙냄새에 긴 여행의 체증이 가라앉으며 머리가 한결 가벼워졌다. 어둠의 장막을 걷으며 숲길을 달려 밤이 늦어서야 숙소에 도착했다. 만 하루 동안의 여독, 쓰러지듯 잠자리에 들었다.

다음 날 새벽 새소리와 서늘한 숲의 기운에 눈을 떴을 때, 창밖으로 펼쳐진 거대한 녹음이 파도처럼 밀려들었다. 짧은 찰나에 오로빌의 존재감이 따뜻하게 다가왔다. 특별한 이들이 사는 오로빌의 첫 인상이 다소 견고하지 않을까 싶었는데 예상과 달리 따뜻함이 앞섰다. 오로빌의 숲과 공기가 그렇고, 먼지 풀썩거리는 황톳길과 그 위를 스쿠터로 달리며 미소를 보내는 오로빌리언들이 그랬다. 오로빌은 낯선 이를 감싸 안는 따뜻한 포용력이기도 했다.

인간 의식의 진보를 꿈꾸는 실험장

1968년 2월 28일, 남인도 타밀나두 주 코로만델 해변의 황무지에서 매우 의미 있는 행사가 진행되고 있었다. 세계를 향해 가슴을 연 새로운 세상, 오로빌의 출발을 선포하는 순간이었다. 징소리와 함께 음악이 흘러나오고 인근 도시 퐁디셰리 오로빈도아쉬람에 은거하고 있는 마더의 육성이 전파를 통해 이어졌다.

"오로빌은 선의를 가진 모든 사람을 환영합니다. 더 높고 진실한 삶을 열망하며 진보를 갈구하는 모든 이를 오로빌에 초대합니다." 인도 23개 주와 세계 124개국의 남녀 청소년이 대표가 되어 자기 나라에서 가져온 흙을 특별히 마련한 항아리에 부었다.

"오로빌은 어디에도 속하지 않는 전체 인류의 것이다. 끝없는 교육의 장, 지속적 발전의 장, 과거와 미래를 잇는 가교가 되고자 한다. 인류의 일체성을 실질적으로 구현하는 살아 있는 본보기를 만들기 위한 물질적, 정신적 탐구의 장이 될 것이다." 이날 모두 4장으로 된 오로빌 헌장은 마더의 육성으로 중계되었으며, 그 목소리는 오로빌의 정신적 주춧돌이 되었고 앞으로도 이정표 역할을 계속할 것이다.

전 세계에서 모여든 5000여 명의 인류대표에게 오로빌이 영적 진화의 추구를 선포한 지 40년. 그동안 오로빌은 종교와 이념, 국적을 초월하여 진취적 조화 속에서 평화로운 국제도시를 이루며 꿈을 위해 한 발 한 발 전진하고 있다. 지금은 온통 숲으로 뒤덮인 이곳도 40년 전에는 황량한 벌판이었다. 남인도의 작열하는 태양 아래 황토가 힘겹게 몸을 뒤척이는 시뻘건 평원. 팔미라야자나무와 라임나무, 그리고 먼지를 뒤집어쓴 관목덤불만 드문드문 보이는 거친 땅에서 인류의 새로운 실험이 시작된 것이다.

오로빌은 근대인도의 위대한 사상가 스리 오로빈도(1872~1950)와 그의 영적 동반자인 마더(Mother : 영적으로 고매한 여성에 대한 인도식 존칭) 미라 알파사(1978~1973)의 정신이 스며들어 있다. 영국의 식민지 치하에서 민족운동을 펼치던 오로빈도는 체포돼 감옥생활을 했고, 그때 몇 차례의 영적 체험을 통해 진리에 대한 확신을 가졌다.

오로빈도와 마더는 끊임없는 자기성찰을 통해 마음을 초월한 새로운 의식을 구하는 데 평생을 바쳤다. '우주가 물질로부터 생명을 진화시켰고 생명은 인간에 이르러 의식을 진화시켰는데, 이것은 진화의 끝이 아니라 과도기적인 중간 단계일 뿐이다. 그 다음 단계에는 초의식(超意識)이 출현한다. 초의식은 인간의 개체성과 일체성을 동시에 자각하는 전체이자 개체로서 새로운 세계를 건설할 것이다'. 오로빈도와 마더는 새로운 의식의 출현에 대해 확신했고, 마더는 이에 대비하기 위해서 척박한 땅에 공동체를 건설한 것이다.

43개국 2000여 명이 일구는 세계문화

오로빌은 오로빌 헌장이 천명한 것처럼 인류의 일체성을 구현하는 살아 움직이는 실험장이다. 세계인은 이곳에서 종교와 정치적 신념, 국적을 초월하여 조화를 이루며 평화롭게 살아가는 국제도시를 만들었다. 9월 현재 오로빌에는 뉴커머(1년간 거주가 허락된 예비주민)를 포함해서 43개국 2023명의 주민이 거주하고 있다. 인도인이 866명으로 가장 많고, 프랑스인 301명, 독일인 226명, 이탈리아인 100명 등이다. 한국인은 10가구 24명이 살고 있다. 세계 각국에서 모여든 이들이 지난 40년간 이곳에서 새로운 삶의 방식과 존재양식을 창조하기 위해 열정을 쏟아왔다.

인터내셔널 존에 있는 유니티 파빌리언을 찾았다. 유니티 파빌리언은 주민들이 출신국가와 민족의 문화적 역량을 잘 발현할 수 있게 도움을 주고 조화로운 관계를 이룰 수 있도록 지원하는 역할을 한다. 이곳의 담당자인 루슬란(카자흐스탄)과 시바야(스위스)는 "인터내셔널 존은 43개국 출신의 주민들이 자기 나라를 소개할 수 있는 곳으로 조화와 평화가 미덕"이라며 "오로빌리언은 자국의 파빌리언(문화관)을 통해 모국이 인류의 지구적 진화에 공헌한 바를 표현할 수 있다"고 말한다.

다양한 문화적 특징을 바탕으로 인류공동체의 실현을 위한 국가별 파빌리언 설립이 진행되고 있다. 인터내셔널 존에

유니티 파빌리언의 루슬란(왼쪽)과 시바야

는 이미 세 개의 파빌리언이 들어섰는데 인도의 파빌리언인 바라트니바스와 티베트 파빌리언, 미국 파빌리언 등이다. 국가별 파빌리언은 바라트니바스를 중심으로 대륙 단위로 원형으로 자리잡게 설계돼, 통일성과 다양성을 동시에 표현할 수 있도록 했다. 이들 건축은 각국 정부나 기업체의 도움을 받는데, 지금까지 15개국의 인도 주재 대사들이 관심을 표명했고 구체적 지원모임도 준비하고 있다고 한다. 한때 한국 거주자들에 의해 한국 파빌리언이 추진되었으나 지금은 중단된 상태이다. 첸나이에 진출해 있는 현대자동차가 이곳에 한국 파빌리언을 짓는 데 지원을 하는 것도 좋은 방법일 성싶다.

자유 속에 영혼을 키우는 전인 교육

교육은 영적 진화를 향해 가는 과정이다. 따라서 오로빌의 교육은 끝없는 배움이다. 교육을 통해 지속적으로 진보하며 결코 늙지 않는 젊음의 장을 도모한다. 오로빌의 중등교육의 현장인 라스트

스쿨을 찾았다. 캠퍼스 한쪽 숲 그늘에서 딥티 교장과 마주 앉았다. 그는 "교사는 제안할 뿐 강요해서는 안 된다. 부모나 교사가 원하는 틀 속에 아이를 두드려 넣는다는 생각은 야만적 폭력이라는 오로빈도의 생각이 교육의 지표가 되고 있다"고 말했다.

이곳의 교육은 인간의 영성을 발전시키는 데 중점을 두고 있다. 인간의 자유정신을 존중하면서 영적진보를 이루기 위한 토양을 제공한다. 오로빌 아이들은 자연 속에서 일체성을 추구하는 공동체의 다양한 문화와 만나며 독특한 품성을 키우고 있다.

딥티 교장은 "고결한 정신은 교육을 통해 이룩될 수 있다. 교육은 끊임없는 배움의 장소를 제공하고, 우리는 교육을 통하여 끊임없이 전진해야 한다"며 진보란 끊임없는 자기성찰을 통해 신성의식에 도달하는 것이라고 강조한다. 아울러 인류의 융합을 위해 각국의 특성과 문화를 잘 표현할 수 있게끔 역할을 하는 것이 교육의 기능이란다. 오로빌 자체가 교육의 장소이고, 모든 오로빌리언들이 진실을 구하고 진보를 향해 나아가는 학생들이었다.

라스트 스쿨은 14~18세의 학생을 대상으로 하는 5년제 중등과정이다. 교과는 역사, 문화, 언어, 문학, 철학, 수학, 과학에 다양한 예술과목을 배운다. 우리나라의 작은 대학 정도의 캠퍼스에 도서관과 체육관 등 각종 시설

라스트스쿨 딥티 교장

이 들어서 있다. 하지만 좋은 환경의 이 학교도 고민을 안고 있다. 현재 재학생이 7명으로 갈수록 숫자가 줄어든다는 것이다. 어쩌면 이 고민은 오로빌의 교육 전체가 안고 있는 문제인지도 모른다.

이곳의 아이들은 라스트 스쿨에서의 수업이 현실적인 도움이 되지 못하기 때문에 기피한다. 인근 도시 퐁디셰리의 프랑스계 사립학교에 진학하는 경우가 많다. 대학을 가기 위한 공부가 아이들의 현실적 욕구이기도 하다. 이에 따라 대외적 학력을 인정받을 수 있는 과목도 함께 공부하며 이곳 특유의 교육철학도 도모하는 퓨처 스쿨이 생겼다. 지금은 아이들 대부분이 그곳으로 진학한다.

딥티 교장은 이야기하는 내내 오로빌의 초창기 정신이 스며든 교육정신이 변하는 것 같다며 안타까움을 나타냈다. 어쨌거나 오로빌의 학교는 학생들의 온전한 발달을 도모하는 교육을 중시한다. 영혼과 정신뿐만 아니라, 육체의 측면까지 고른 성장을 위한 다양한 교육 프로그램을 제공하고 있다.

관계를 형성하는 숲속의 운동장

문화구역의 숲속 깊숙이 데하샥티 종합운동장이 자리잡고 있었다. 아이들이 모여 운동하느라 시끌벅적했다. 늦은 오후의 숲 그늘 아래 미래 세대들의 집단적 운동은 한마디로 경이로웠다. 1992년 문을 연 이곳은 축구, 농구, 핸드볼, 풋살, 배구, 체조, 소프트볼, 하프테니스장 등 체육시설을 갖추고 있었다.

6~16세에 이르는 160여 명의 아이들이 이곳에서 1주일에 5일,

숲속에 자리잡은 데하샥티종합운동장

오후 3시45분에서 5시15분까지 1시간30분씩 운동을 한다. 하프테 니스 코트에선 예닐곱 살쯤 되는 아이들이 테니스의 기초를 배우 고 있었다. 축구장에선 10대 청소년들이 축구를 하고, 핸드볼 경기 장에선 코치의 지도 아래 슛하기 훈련이 한창이었다. 가끔씩 급수 대로 달려온 아이들이 땀을 닦으며 레몬차와 삶은 콩을 한 주먹씩 입에 털어 넣고 다시 운동장으로 뛰어나갔다.

　오로빌은 청소년의 건전하고 고른 성장을 위해 다양한 체육 프 로그램을 운용하고 있다. 하지만 이곳에서의 활동은 단순한 육체 적 운동만이 아니다. 함께 운동하면서 관계를 형성하고 자신의 위 치를 인식하며 사회성을 기른다. 단체정신과 게임과 경쟁에 임

하는 올바른 태도 등 덕성도
키운다.

　운영을 맡고 있는 이브(캐나다)
는 "이곳의 활동은 아이들의 정
서적 발달에 도움을 주는 데 우
선을 두고 있다. 무엇보다 서로
몸을 부대끼며 관계를 맺는 데

데하샥티 운영자 이브

무게를 둔다"고 한다. 이곳에서 한 해 두 차례 올림픽이 열린다. 한
번은 단체게임이고 한번은 달리기, 높이뛰기 등 개인경기로 열린
다. 특히 팀올림픽을 중시하는데, 팀은 다양한 연령층의 아이들로
구성된다. 이런 팀 구성을 통해 작은아이들과 큰아이들이 서로 교
감할 수 있게 한다. 자연스럽게 서로 가르치고 배울 수 있다는 것
이다. 데하샥티에는 15명의 자원봉사자가 활동하고 있는데, 매일
퇴근 뒤 이곳에서 아이들과 함께 인간과 인간, 인간과 자연, 관계
의 중요성을 몸을 통해 발견한다.

(중) 나눔과 자립, 진화하는 도시

　나눔과 자립은 오로빌의 경제가 추구하는 두 마리 토끼이다. 오
로빌은 사유(私有)하지 않는 경제, 화폐 교환 없는 마을로 설계되었
고 그 원칙은 여전히 유효하다. 오로빌은 모든 오로빌리언의 기본
적 요구를 물품으로 제공하며, 땅과 건축물은 모두 재단의 소유이

172

오로빌리언에게 생필품을 공급하는 푸투스

다. 물론 이런 원칙들이 다 지켜지는 것은 아니다. 공동체가 커지고 주변의 경제적 환경이 변하면서 오로빌도 영향을 받고 있다.

오로빌리언들은 어떻게 살아갈까. 그들은 이곳 기업에 취업하거나 봉사활동을 하고 그 대가로 기업이나 공동체로부터 지속비(월급)와 생필품을 공급받는다. 이곳의 기업에 일하는 경우 월평균 6000루피(15만 원)정도 받는다. 한 사람이 매달 공동체에 내야 하는 기여금은 1200루피(3만 원). 대부분 기여금을 내고 나면 생활이 빠듯하다. 자녀가 외지의 사립학교에 진학할 경우 밖으로 나가 돈을 버는 수밖에 없다. 개인이 낸 기여금과 오로빌의 기업체들이 기부한 돈이 공동체를 움직이는 동력이다. 아직 완전한 자립을 이루지 못하고 있기 때문에 유네스코 등으로부터 지원금을 받는다.

나눔의 공간 푸투스, 솔라키친

나눔 경제의 대표적 예는 푸투스와 솔라키친에서 볼 수 있다. '모두를 위하여'라는 뜻을 지닌 생필품배급소 푸투스는 오로빌리언에게 '일용할 양식'을 제공한다. 쌀과 야채, 과일, 가공식품 등 식료품과 기타 생필품 등이다. 필요한 물품을 구하는 데 화폐를 사용하지 않는다. 오로빌리언들은 자신이 가져가는 상품의 값이 얼마인지도 정확하게 모른다. 물론 관리자들은 그들이 가져가는 생필품을 기록하고 액수로 환산한다. 매달 개인별 사용액이 체크된다. 자신의 기여금보다 많이 쓴 이도 있고 적게 쓴 이도 있다. 개인적으로는 들쑥날쑥한 씀씀이지만 전체적으로 계산해 보면 수지가 맞춰진다고 한다. 몇 달을 계속해서 과도하게 사용량이 많은 세대는 불러 상담을 한다.

솔라키친은 오로빌의 공동식당이다. 이곳은 이름처럼 태양열 조리로 잘 알려져 있다. 이 건물 옥상에는 반경 15m나 되는 집열접시가 태양열을 모은 뒤 주방에 증기로 공급한다. 맑은 날에는 600kg의 증기를 만들어 2000인 분의 식사를 마련할 수 있다. 아침 7시30분부터 시작

솔라키친 책임자 앙겔리카

되는 점심식사 준비에는 40여 명의 직원이 매달린다. 침묵과 조화 속에서 830인 분의 점심을 준비, 이 중 400인 분은 학교와 푸투스의 배식소로 배달한다. 저녁은 80인 분을 만든다.

　음식의 재료는 오로빌의 농장에서 나오는 유기농산물을 주로 사용한다. 완전자급이 되지 않아 방갈로르에 있는 유기농장에서 모자라는 식재료를 사온다. 마더가 제안한 자급자족은 아직 요원하다. 식사를 같이하는 것은 공동체정신에도 부합된다. 점심시간 솔라키친의 식탁을 가득 메운 오로빌리언들은 음식을 통해서 한가족이라는 연대감을 확인한다. 솔라키친의 책임자 앙겔리카(독일)는 "오로빌 사람에게 함께 음식을 먹는다는 것은 매우 중요하다. 하지만 돈 걱정을 하면서 밥을 먹어야 하는 현실은 답답하다"고 말한다. 식단은 완전한 채식이다. 이곳에 있는 며칠 동안 비만인 사람을 한 명도 만나지 못했다.

자급자족의 미래 생태농업

　오로빌의 농업은 출발부터 험난했다. 뜨겁고 건조한 황무지는 엄청난 노동력을 요구했다. 농부들은 나무를 심고 황무지를 개간하고 저수지를 만들었다. 새로운 세상을 개척한다는 사명감 하나로 모든 것이 이루어졌다. 그러나 초기의 열정이 서서히 식어가면서 농사일을 좋아하는 이들도 줄어들었다.

　1994년 침체의 늪에 빠져 있던 오로빌 농업은 일대 전환점을 마련한다. 모든 농부들이 자원을 공유하고 생산과 가격을 조절하고,

공동기금 마련을 위한 농장그룹을 결성했다. 이들은 이코노미그룹을 설득해서 농업을 서비스 부서로 분류했다. 농부들이 생활보조금을 받을 수 있도록 경제적 안전판을 마련한 것이다.

현재 오로빌에는 10개 농장이 43만여 평을 경작하면서 벼, 야채, 과일 등을 생산하고 있다. 오로빌 농부들은 자급자족을 위한 부단한 노력과 함께 인근 원주민들에게도 유기농법을 전수하고 대규모 황무지 개간 사업, 저수지 개발, 채소밭 가꾸기 운동 등 외부지원 활동도 활발하게 펼쳐오고 있다.

디스플레인 팜은 3000여 평에 채소와 과일을 경작하는 소규모 농장이다. 물론 이곳도 다른 농장처럼 생태농업을 한다. 유기질퇴비를 사용하고 순환적인 시스템을 구축하고 있다. 농장으로 들어서자 거름 냄새가 코를 찔렀다. 하지만 그 냄새는 곧 신선한 흙과 풀 냄새와 섞여 구수하게 바뀌었다. 농장 책임자 제프(오스트레일리아)는 허브 잎을 따서 먹어보라고 권한다. 박하향이 입안을 가득 채우자 자연이 주는 싱그러운 느낌이 온몸으로 퍼져 나갔다. 이 농장은 유기농법을 연구하고 개발해서 자체 생산뿐만 아니라 산학(産學) 연계망도 구축하고 있다.

디스플레인팜 책임자 제프

인도 각지역의 농업대학과 연구기관에서 찾아와 견학하고 실습도
한다.

제프는 "아직 오로빌의 농업이 주민들에게 충분한 먹을거리를
제공하지 못하고 있다"며 "앞으로 방가로르 등 고산지역과 연계해
농장을 개발하는 방법도 생각하고 있다"고 한다. 그는 작별인사를
나누며 한국의 배추와 무씨를 보내줄 수 없느냐고 물었다.

자립경제 앞당기는 기업들

오로빌의 사업체는 사업 동기부터 남다르다. 무조건적인 영리활
동이 목표가 아니다. 사업체는 오로빌과 이웃을 위해 존재한다. 따
라서 사적소유는 없고, 관리인들이 아무리 잘 운영해도 개인적 이
득이 없다. 엄밀한 의미에서 자본주의적 경제가 작동하지 않는다.
사실 1990년 중반까지만 해도 사업에 대해 부정적인 분위기가 강
했다. 세계화 이후 이곳도 변화의 여파가 미쳤다. 사업이 일자리를
창출하고 궁극적으로는 커뮤니티 경제를 일으켜 자급의 동력이
될 수 있다는 점을 인식하기 시작한 것이다.

오로빌에는 현재 130여 개의 각종 사업체가 존재하고 있다. 이
들의 지난 1년간 생산액은 6억2000만 루피(155억 원)에 달한다. 수
십 년의 역사를 가진 향 제조회사 마로마는 우수한 품질의 향으로
세계적 명성을 얻고 있다. 옷과 빵, 공예품 등 오로빌의 특성을 잘
살린 사업체들이 자체 생필품을 생산할 뿐만 아니라 우수한 품질
을 바탕으로 외부로 매출의 폭을 넓혀가고 있다. 이곳 사업체들은

이익의 30%를 공동체에 기부한다. 현재 50여 개 업체가 기부를 하고 있다고 한다.

15년 전 사업을 시작한 아쿠아 딘은 오염된 물을 정수하는 시스템을 연구해 왔다. 지금은 개발한 가정용 정수기를 유럽 시장에 내다 팔고 있다. 이곳에서 만든 정수기는 4단계의 필터를 거치는데, 바닷물도 담수로 바꿀 수 있다. 하지만 정수 과정을 거친 물은 깨끗해지지만 죽은 물이 된다. 그래서 물을 살리는 방법을 개발했다. 그것은 빛으로 음악을 주입해 살아 있는 물로 거듭나게 한다는 것. 유럽에 나가는 정수기에는 클래식 음악을, 오로빌에 사용되는 것은 마더의 음악을 넣어준다.

이곳의 연구진들은 인류 삶의 질을 높이기 위해 좋은 물을 만드는 일이 매우 중요하다고 강조한다. 이들은 시간당 5000l를 정수할 수 있는 대형정수기를 만들어 오로빌의 40여 공동체, 솔라키친에 제공했다. 또 지난해는 쓰나미가 덮친 인도의 피해지역에도 무상으로 기증했다.

갤럭시 플랜과 진화하는 도시

오로빌의 도시계획을 이야기할 때 갤럭시 플랜을 빼놓을 수 없다. 1988년 인도 정부는 오로빌재단법을 만들고 오로빌 개발을 본격 지원하기 시작했다. 이때 프랑의 유명 건축가인 로제 앙제를 중심으로 마스터플랜을 구축한 것이다. 이들은 마더가 구상한 국제 주거 문화 산업 등의 4구역으로 나눈 원형의 도시를 '갤럭시'라는 개념으로 구체화했다.

이곳의 도시계획 일을 맡고 있는 조홍규 씨를 만났다. 신세대의 활달함을 보이는 그의 첫마디는 오로빌은 영성공동체가 아니라는 것이다. 예상 밖이었다. "오로빌은 정신과 물질세계의 조화를 추구한다"면서 "인간과 인간, 인간과 자연, 물질적인 것과 정신적인 것의 조화를 바탕으로 도시 형태가 구축되고 있다"고 한다.

도시계획 담당 조홍규 씨

그에 따르면 오로빌의 건축은 몽상계열의 건축방식에서 실용주의로 옮겨가고 있다고 한다. 공간의 효율적 활용을 위해 어쩔 수 없다는 것이다. 오로빌의 건축 디자인 원칙은 실험, 갤럭시와 유니트를 지향한다. 모든 건물이 동선이 이어지게 한다는 것이다. 초창기 다양하고 심미적인 건축물들은 이곳을 지구상에서 가장 뛰어난 '건축의 천국'으로 불리기도 했다. 하지만 안전과 청결, 편리성 등 주택에 대한 욕구가 변화하면서 실용적으로 변모하고 있다. 무엇보다 용지 문제가 가장 큰 요인이다.

마스터플랜이 작동하면서 도시가 개발되기 시작했다. 개발 과정에서 자연보호 가치와 충돌하기도 한다. 도로 건설이나 기초 인프라 건설 계획을 두고 주거지 주변의 숲이 훼손되는 것을 용납하지 않으려는 주민들과 갈등이 불거지기도 한다. 또 주변 인도인 주거지의 난개발과 땅값 폭등이 어려움을 더한다. 오로빌 내부와 주변의 원주민 땅, 그린벨트 지역의 땅값이 너무 올라 매입할 엄두조차 못 내고 있다. 여기다가 세계 곳곳에서 이곳을 찾는 인파가 늘어나자 주변이 급격하게 관광지화되기 시작했고 곳곳에서 난개발의 몸살을 앓고 있다. 이 일대 해안은 인도의 재벌들이 다 사들였다고 한다.

오로빌이 안고 있는 가장 큰 숙제는 경제적 자립이다. 오로빌의 느슨한 공동체적 경제구조가 세계화시대에 제대로 대처할 수 있을 것인가. 일각에서는 외부의 지원이 오로빌의 홀로서기를 방해한다는 비판도 나온다. 어쨌든 오로빌은 그들이 추구하는 이상과 경제적 현실의 괴리 사이에서 고민 중이다.

뉴 푸투스 운영자 장 이브(프랑스)는 "지구온난화에서 보듯이 환경에 문제가 있는 경제는 지속 가능성이 없다. 오로빌의 경제는 자연을 훼손하지 않는 경제이자 나누는 경제이다. 그렇기 때문에 오로빌은 대안이 되고 앞으로 나아갈 것으로 확신한다"고 강조한다. '욕망의 만족을 얻기 위한 것이 아니라 의식의 성장을 위한 경제'를 정의한 마더의 원칙이 세계화의 파고를 넘을 것이라는 믿음이다. 오로빌의 자립과 나눔을 위한 경제는 물질만능의 시대, 새로운 대안으로 떠오르고 있다.

(하) 영성, 생태적 삶 그리고 실험

　종교와 사상, 국적을 초월해 진취적 조화 속에서 인류의 일체성을 구현하는 세계인들이 사는 곳. 오로빌은 인간 의식의 수련장이자 다양한 대안의 실험장이다. 마음을 뛰어넘는 초의식의 출현을 기다리며 영성을 가다듬고, 나눔과 자립의 새로운 경제를 꿈꾼다. 흙건축에서 자연치유법에 이르기까지 생태적 삶과 지속 가능한 세상을 위해 끊임없이 추구하고, 그 결실을 이웃과 나눈다.

오로빌의 영혼이자 심장, 마트리만디르

　남인도의 풍성한 저녁햇살을 받아 거대한 구형의 구조물이 황금빛으로 번쩍인다. 오로빌의 영혼 마트리만디르. 그리고 널찍하게 뿌리내린 반얀나무의 넉넉한 그늘. 대지로 흩뿌려지는 황금빛 광휘와 서늘한 녹음이 지친 영혼들을 부드럽게 어루만진다. 마트리만디르는 타밀어로 '모성의 전당'을 뜻한다. 그 모성이 40년간 오로빌을 지탱시켜 온 힘의 원천이 되었고, 오로빌 인들의 영혼을 담금질해 왔다. 부자와 가난한 이, 지식인과 문맹자, 온갖 사람들이 이곳을 중심으로 정신의 총화를 이뤄 온 것이다.

　마트리만디르는 높이 29m, 지름 36m로 살짝 눌린 모양의 커다란 구형이다. 외부에는 금도금을 한 황금원반들로 덮여 있다. 정신을 닦는 곳에 황금으로 덧칠하다니, 황금에 대한 선입견 때문에 약간 혼란스러웠다. 하지만 인도에서 황금은 가장 높은 진실을 상징한다는 설명이 전혀 거부감이 들지 않았다. 슈퍼 멘탈, 일상을 뛰

오로빌 한가운데 우뚝 선 마트리만디르

어넘은 진실된 그 무엇, 초자아(超自我)가 저 찬란한 황금빛 속에 스며든 것인가.

앞에서 솟아오른 꽃 모양의 형상을 한 마트리만디르는 새로운 탄생을 의미한다. 새롭고 진실된 의식이 물질을 뚫고 나오는 것이다. 마치 연꽃이 피어나 듯한 모습은 진리의 깨침을 의미한다. 마트리만디르를 둘러싼 12개의 꽃잎 모양의 명상실, 12개의 정원, 12개의 진입로…… 12라는 숫자를 주목할 필요가 있다. 12는 완전수로 우주의 어머니를 상징한다.

이 거대한 구조물이 얼마나 기하학적으로 정교하게 설계돼 있는지는 그 속으로 들어가면서 실감할 수 있었다. 침묵 가운데 자궁 속으로 빨려들어가듯 마트리만디르의 중심부로 발길을 향했다. 안내인이 주는 흰 양말을 신고 건물 내부로 들어가, 나선형 회랑을 걸어 명상실로 오른다. 미지의 세계에 대한 경이로움일까. 온갖 사념들이 교차하는 가운데 한순간 구름 속을 걷듯 발걸음이 가벼워진다. 다리가 조금 후들거린다.

온통 흰색의 순결한 침묵이 내려앉은 명상홀. 천장을 떠받치고 있는 원형기둥 역시 열두 개였다. 천장에서 한 줄기의 빛이 홀 중앙에 놓인 직경 70cm의 크리스털 구슬로 내려왔다. 고요함 속에서 스스로의 의식을 지켜봐야 한다. 지나가는 생각을 붙잡지 않고 마음을 집중해야 한다, 그러나 생각에만 그칠 뿐 잘 되지 않는다. 본연의 자아를 확인하기 위해서 내면의 신성의식을 찾는 곳. 오로지 자기 자신을 바꾸기 위한 의식의 수련장. 오로빌 사람들을 한곳으로 묶어왔고 앞으로 전진시켜 나갈 구심력. 그곳에서 나는 나를 찾았는가.

대안기술의 실험장 CSR과 어스 유니트

산업지구에 자리잡은 과학연구센터 CSR(Center for Scientific Research)은 오로빌의 대안기술을 선도한다. 오로빌은 초창기부터 생태적인 삶, 지속 가능한 사회를 위한 대체에너지 대안건축 등을 개발하고 구축하는 데 전력을 다해 왔다. 현재 이곳에서는 40여 명의 연구원이 생태건축, 물의 활용과 관리, 신재생에너지 등을 집중적으로 연구하고 있다.

산업지구에 위치한 과학연구센터 CSR

흙건축을 중심으로 한 이곳의 생태건축 기술은 세계적인 명성을 얻고 있다. 생태적 집 짓기는 실험 단계를 거쳐 빌딩에 적용할 정도가 됐다. 오로빌 바깥세상으로도 기술을 전파하고 있다. 물 관리는 빗물 등 물의 재활용에 초점을 두고 있다. 설거지물을 받아 몇 단계 필터를 거쳐 연못으로 보내고 정화된 물은 정원수로 사용한다. 화장실 물도 수생식물을 이용해 자연스럽게 정화 처리한다.

신재생에너지의 연구도 상당한 진전이 있다. 200여 가구의 태양열 주택과 솔라키친이 그 성과이다. 태양에너지 자급률은 20%에 달하지만 생산비가 비싸고, 경제성이 부족하다는 한계를 안고 있다. 지하수를 끌어올리는 데는 풍력을 사용한다. 수평축다방향 날개의 풍차는 최대 100m의 심층 지하수를 끌어올린다. 오로빌의

양수용 풍차는 EU로부터 재생 가
능한 에너지 적용 기술의 뛰어난
본보기로 평가되기도 했다.

　연구원인 허먼트(인도)는 대안기
술은 인간적인 기술이며, 세상의
갈등을 없애는 평화적 기술이라
고 강조한다. "태양, 바람 등 자연

CSR 연구원 허먼트

에너지를 생각해 보세요. 자연에너지는 어느 한쪽에만 있는 불평
등한 에너지가 아닙니다. 대안에너지는 가까운 곳에서 가져올 수
있고, 누구나 활용할 수 있다는 점에서 민주적입니다. 환경 훼손을
막고 전쟁과 같은 갈등을 없앱니다. 대체에너지 기술이 날로 정교
해지고 있어 머잖아 경제성을 확보할 수 있을 겁니다. 장기적으로
는 자연에너지 100% 자립의 모델을 구축하고 싶습니다."

　연구소 부지 한쪽에는 어스 유니트가 자리잡고 있다. 어스 유니
트는 흙건축을 연구하고 가르친다. 흙벽돌에 아치형 지붕을 한 강
의실에 한 무리의 학생들이 수업에 열중하고 있다. 강사는 흙벽돌
로 세계적 명성을 얻고 있는 삿프렘(프랑스). 이번 수업은 2주짜리
프로그램으로 건축을 전공하는 대학생들과 현업 활동을 하는 미
장이들을 대상으로 전개된다. 강의 프로그램은 3개월 과정, 1년 과
정도 있다. 흙건축은 흙과 물을 주로 사용하는 경제적이고 생태적
인 건축법이다. 통칭 '삿프렘 벽돌'이라 불리는 흙벽돌은 흙 95%
에 시멘트 5%를 넣고 그늘에서 숙성한다. 제작원가도 굽는 벽돌보

다 17% 정도 싸게 먹힌다.

1989년 뮤을 여 어스 유니트에는 설계 재료공학을 전공한 12명의 연구원과 외부에서 지원받은 12명이 일하고 있다. 기술력은 세계적 수준으로 유네스코에서 인정하는 대표적 흙건축 연구기관이다. 그동안 56개국 5300여 명이 이곳에서 기술을 배웠다. 연구소는 외부의 도움 없이 꾸려진다. 건축시공을 통해 운영비를 조달하고 수강생들로부터 기여금을 받기도 한다. 작년에는 한국에서 5명이 와서 교육을 받았다.

건축가이기도 한 샷프렘 교수는 흙건축의 중요성을 생태적 가치와 중간기술의 적정성으로 강조했다. "흙건축 기술을 널리 전파할 생각을 갖고 있습니다. 인도뿐만 아니라 제3세계 등지로 확산시킬 것입니다. 현대건축에서 주재료로 사용하는 콘크리트는 비용 문제뿐만 아니라 에너지도 많이 듭니다. 무엇보다 환경훼손이 문제죠. 흙건축은 전통적 기술로 일손을 많이 필요로 합니다. 일자리를 만들 수 있다는 것이지요. 중간기술로 각광받는 흙건축은 자연적 소재를 사용하고, 첨단기계를 탈피해 일자리 창출에도 기여합니다. 이처럼 중간기술은 현대 들어 급격히 발

흙건축가 샷프렘

전한 기계문명의 노예가 되지 않는 인간 중심의 기술입니다.”

미래세대의 껍질 깨기, 카일라쉬 커뮤니티

대안과 이상적 삶을 꿈꾸는 이곳 오로빌에도 약간의 갈등은 존재한다. 그 갈등의 중심에는 10대들이 있다. 밤늦은 시간 카일라쉬 커뮤니티를 찾았다. 이곳은 15~21살 청소년 들이 살고 있는 공동체이다. 부모와의 문제, 인간관계의 문제 등으로 갈등을 일으킨 10대들이 이곳에서 동료들과 생활하면서 스스로 삶을 개척한다.

1998년 오로빌의 10대 10명이 모여 자신들만의 공간을 꿈꿨다. 이들은 이듬해 집을 짓기 시작했고 2001년에 입주했다. 현재까지 70여 명이 거쳐 갔다. 이곳의 생활비는 아이들 스스로 용돈을 갹출해서 운영한다. 물론 큰일이 생기는 경우는 기성세대에 도움을 요청하기도 한다. 3층짜리 근사한 건물도 아이들이 돈을 모아 2년간 직접 지었다.

고교에서 프랑스어를 가르치는 장 프랑수아는 이곳 청소년들의 든든한 후원자이자 동지이다. 그는 초창기부터 아이들과 함께 벽돌을 날랐고, 지금도 사흘에 한 번씩 들러 상담 활동을 한다. 아이들에게 축구와 럭비도 가르치고 주말이면 파티도 주선해 준다.

카일리쉬커뮤니티 지도자 장 프랑수아

"아이들은 이곳에서 자유와 함께 의무도 배웁니다. 식사 등 모든 생활은 스스로 해결합니다. 팀을 짜서 식사당번을 맡고, 생활비 등 금전 관리도 스스로 합니다. 그런 과정을 통해서 자기 인생과 자기 행동을 책임지는 방법을 배우는 겁니다." 프랑수아는 새로운 비상을 꿈꾸는 청소년들과 함께 생활규칙도 만들었다. 15~21살까지 입소할 수 있고, 마약은 절대 허용하지 않는다. 학교에 등교하든지 일을 하든지 규칙적 일상이 있어야 하고, 이웃과 친구를 존중해야 한다. 그리고 밤 9시 이후는 조용히 해야 한다.

이곳을 찾은 아이들의 사연을 보면 주로 전통적인 갈등이다. 부모에게 더 많은 자유를 달라, 구속을 하지 말라는 요구가 갈등이 단초가 된 경우가 많다. 또 이민자들이 겪는 문제도 있다. 문화의 차이에서 오는 정체성 혼동이 문제를 만든 경우다. 세상과 갈등하던 아이들은 이곳 생활을 통해 스스로 책임감을 배우고, 또래들과의 생활에서 동질감을 확인한다. 함께 나누는 과정 속에서 관계를 회복하고 불신을 해소한다.

"내가 경험한 바로는 청소년 문제에 있어 무엇보다 중요한 것은 믿음입니다. 그러기 위해서 먼저 아이들을 인격체로 존중해야 합니다. 아이들한테 무엇을 하라고 강요하지 말고, 대화를 통해 아이들 스스로 판단하게 해주는 것이 중요하죠." 프랑수아의 지적은 아이들의 존재가 망각된 채 황폐해진 우리의 교육현실을 돌이켜보게 한다.

16. 작아서 더 행복한
'열린 배움터'

● 영국 하트랜드 작은학교

그곳에 작은 학교가 있었다. 대서양의 습습한 기운이 갈기 세운 바람자락으로 차가운 빗발을 뿌려대는 영국 남서쪽 하트랜드. 물신성과 경쟁에 찌든 채 막다른 골목으로 내몰리고 있는 이 시대의 암울한 교육에 희망의 빛을 던지는 작은 등댓불이 반짝거리고 있었다. 그곳은 비록 좁고 낡았지만 회색빛의 박제화된 공간이 아니었고 암담하게 무너져 내리는 교실은 없었다. 사람과 사람과의 관계, 돌 하나와의 사소한 관계까지 귀중하게 여기는 삶을 배우는 곳. 수천 마일을 끌리듯 달려온 이방인을 따뜻하게 감싸주는 넉넉한 교육 현장이었다.

런던에서 560여km, 4시간 남짓 달려오는 내내 영국 벽촌의 한 조그마한 학교가 전 세계의 대안교육을 생각하는 이들의 이목을 집중시키는 이유가 무엇일까를 생각했다. 사방이 탁 트인 시계(視界). 낮은 구릉에 녹색 융단처럼 끝없이 펼쳐진 목초지와 그 위를 떼를 지어 몰려다니는 양의 무리. 마냥 눈은 새롭고 낯선 풍물을 쫓고 있었지만 머릿속은 온통 작은학교에 대한 생각뿐이었다.

학교는 이름처럼 작고 아담했다. 마을 한가운데를 가로지르는 좁은 도로 옆에 위치하고 있었는데두 우리는 몇 번이나 물어서 겨우 찾을 수 있었다. 작은학교는 'Small School'이란 조그만 나무 표찰을 내건 채 우리 일행을 맞았다. 이가 제대로 맞지 않아 힘을 다해 밀어붙이고서야 겨우 열린 현관문을 들어서니 시선이 일제히 쏠려왔다.

아마 점심시간이 채 끝나지 않았는지 올망졸망 모여 앉은 학생들은 새떼들처럼 조잘거리고, 한쪽에선 카드 맞추기 놀이를 하고 있었다. 그러나 낯선 틈입자를 경계하는 기색은 전혀 없었다. 모두 밝은 표정이었고 생기발랄한 기운이 넘쳐났다. 한눈에 들어오는 좁은 공간. 벽을 가득 메운 책들과 필시 책상 역할도 함께 할 성싶은 장식 없는 밋밋한 식탁과 2층으로 오르는 낡은 나무계단이 눈에 들어왔다.

한쪽 공간에 주방으로 보이는 좁은 방 하나, 오래된 시골 교회처럼 초라한 첫인상에 작은학교의 의미가 새삼스러웠다. 13살 소녀 루시. 맑은 눈빛을 가진 자그마한 소녀가 우리 일행을 맞이했고, 찾아온 목적을 말하자 이곳저곳을 안내한다. 교장 캐롤라인 워커는 약속시간인 오후 2시가 되자 정확하게 우리 앞에 나타났다. 점심식사 후 잠시 마을에 나갔던 그녀는 환한 웃음을 띤 채 머리에 묻은 빗발을 털면서 들어선다. 40대 중반을 갓 넘긴 그녀는 쾌활하고 밝은 표정의 소유자로 얼굴에선 교사로서의 자부심이 배어나고 있었다. 작은학교가 기자의 관심을 끌게 한 것은 학교 설립 배경이었다.

어쩌면 우리의 농촌 과소학교 통폐합과 꼭 같을까. 지난 1961년 영국 교육당국은 단지 경제적 이유만으로 소규모학교 통폐합 정책을 시행한다. 물론 그들은 적정규모 이상의 학생이 유지되어야 교육적 효과, 경쟁을 통한 학업능력의 제고라는 그럴듯한 명분을 내걸었다. 따라서 18세기부터 면면한 전통을 이어오던 하트랜드의 학교는 하루아침에 인근 비드포드읍의 학교로 통폐합되었고 아이들은 하루 2시간씩 통학하는 불편을 겪게 된다. 1970년대 후반부터 작은학교가 설립된 1981년까지 이 지역은 무교촌(無校村)으로 전락하기도 했다. 인구 1400여 명의 하트랜드는 공동체적 전통이 살아 있는 전형적인 영국 농촌마을이다. 주민들은 농사꾼, 양치기, 도자기공, 건축가, 화가, 작가, 회계사, 치과의사 등 다양한 직업에 종사하는 이들로 구성되어 있다. 또 은행 지점과 가게, 여관과 우체국, 마을 사람들이 함께 즐기는 카페, 지역신문인 〈하트랜드 타임스〉도 있다.

학교가 없어진다는 사실을 주민들은 납득할 수 없었다. 학교가 없어 먼 거리를 통학한다는 것은 아이들에게 힘든 일일 뿐만 아니라 지역에 대한 소속감과 자부심을 잃게 하는 것이기도 했다. 당시 이곳에 막 정착했던 생태운동가 사티쉬 쿠마르는 작은학교 설립 운동을 펼친다. 그는 열정적인 노력으로 경매에 나온 낡은 교회건물을 5000년 동안 임대할 수 있었고, 작은 것이 아름답다는 슈마허의 원칙에 따라 작은학교를 설립했다.

작은학교는 제도권교육이 소홀히 했던 인간성 회복의 교육, 자연친화적인 교육, 그리고 삶에 꼭 필요한 실용성 있는 교육을 목표로 삼았고, 교사, 학생, 학부모, 주민들이 유기적으로 연결된 지역공동체의 구심점이 되었다. 작은학교가 가장 중시하는 교육은 음식 만들기와 공동취사를 통한 공동체 훈련이다. 학생들이 직접 음식을 만들면서 얻을 수 있는 교육효과는 매우 컸다. 학생들에게 친구와 선생님들에게 봉사할 수 있는 기회를 주고, 함께 일함으로써 경쟁보다는 협력을 통한 조화를 일깨웠다.

또 농작물을 직접 키우고 수확하고, 요리를 함으로써 음식이 인간에게 얼마나 귀중한 것인가를 자연스럽게 가르칠 수 있었다. 이곳의 식단은 완전 채식이다. 이는 비록 소수지만 채식주의자들인 동료들을 위한 형제애를 불러일으키고 먹이사슬의 가장 낮은 것을 취함으로써 생태적 삶의 가치를 은연중에 터득하게 하는 계기가 되었다. 식사당번은 학생 두 명과 교사 한 명이 한 조가 되어 번갈아 한다. 나이 많은 학생과 어린 학생이 한 조가 되게 하고, 다음 당번 때는 다른 학생과 조를 짜게 함으로써 구성원들 사이에 인화를 돈독히 하는 효과를 거두고 있다.

이 학교가 중시하는 또 하나의 교육 프로그램은 일주일에 한 번씩 진행되는 그룹별 토론이다. 이때 학생들은 나이별로 모둠을 만들고 자유롭게 주제를 선정한다. 토론은 그들이 안고 있는 갖가지 문제를 해결하게 하고, 서로를 이해하는 계기가 된다. 따뜻한 형제애를 유도하는 그룹별 토론의 주제는 연령별로 편차가 있지만 우정, 놀이, 장래희망, 개인 고민 등이 주를 이룬다고 한다. 그룹별로 교사 1명이 학생들의 토론 과정을 지켜보는데 학생들이 조언을 요청할 경우가 아니면 직접 개입하지 않는다.

작은학교는 현재 11살에서 18살까지 31명의 학생과 파트타임 10명을 포함한 16명의 교사들로서 꾸려져 나간다. 수업은 오전에는 기본과목, 오후엔 선택과목으로 진행된다. 기본과목은 수학, 자연과학, 영어, 철학, 예술, 제2외국어 등 여섯 과목이고 선택수업은 창의성을 계발하고 삶에 필요한 실용성 있는 실과 과목을 위주로 구성된다. 도자기, 사진, 드라마, 정원 가꾸기, 농장일 하기, 배 만들기, 재봉, 스크린 프린팅 등 모두 8개 과목이 개설되어 있는데 학생들 대부분이 2~3개 과목을 수강한다. 교사들은 도자기를 굽거나 사진관을 운영하는 등 현업에 종사하고 있는 지역주민이나 학부모들로 충원된다.

교사회의가 선택과목을 결정할 때는 무엇보다 학생들에게 어떤 것을 가르치는 것이 유익할까, 가까운 곳에서 교사를 구할 수 있을까 등을 염두에 둔다. 과목이 정해지면 교사 후보들을 학교에 불러 한 학기 동안 무엇을 가르칠지를 학생들에게 설명하게 하고, 학생들은 그를 토대로 교사를 추천한다고 한다. 또 학생들 자신들이 배우고 싶은 과목을 선택하기도 하는데, 8명 이상이 공통된 관심사를 추천하면 새로운 과목이 개설된다.

캐롤라인의 안내로 이날 오후 진행되고 있는 몇 과목의 선택수업을 직접 견학할 수 있는 기회를 가졌다. 재봉수업은 수더분하고 수줍음을 잘 타는 시골 아낙네 같은 과학 담당 수 선생이 학생 여섯 명과 함께 진행하고 있었다. 별자리를 수놓는 장식용 벽걸이를 만드는 아이. 인형을 만들기 위해 재단을 하는 아이, 자기가 입을 치마를 마름질하는 아이, 모두 제 일에 열중하고 있었다. 수 선생은 이 수업을 통해 학생들 스스로 들고 다니는 가방과 옷까지 만든다고 자랑한다. 특히 1년에 한 차례 1주일간 전교생이 참가해 자기 옷을 만드는 기회를 갖는데, 이때 학생들은 옷을 디자인하는 방법, 천을 짜는 방법, 털실을 잣는 기술을 배운다고 한다.

작은 암실이 붙어 있는 아래층 방에선 사진수업이 한참 진행되고 있었다. 담당 선생님은 지난해 전교생을 대상으로 비디오 만들기 수업을 도왔던 파울 윌킨슨 씨. 학생 서너 명이 작품 만들기에 여념이 없었다. 장차 사진작가가 되고 싶다는 열네 살짜리 리나 워커는 여러 사람들의 얼굴 사진에서 눈과 귀, 입 등을 잘라 새로운 얼굴을 모자이크하고 있었다. 다음 주 전시회에 출품할 작품을 만드는 중이라고 했다.

1층 홀에선 드라마반 학생 8명이 저희들끼리 수업을 진행하고 있었는데, 역시 다음 주 있을 학예발표회 때 공연할 크리스마스와 관련된 연극을 연습하고 있었다. 대본부터 연기 연습까지 학생들 스스로 해결하고 있는 것이 인상적이었다. 그들은 크리스마스와 관련된 노래와 춤을 서너 명씩 짝을 이뤄 연습하고 있었는데 기자를 위해 포즈를 취해주기도 했다. 기자가 공연 제목을 '크리스마스 메들리'로 하는 것이 어떻겠느냐고 하자 한번 생각해 보겠다고 한다.

2층 홀에선 스카이 선생의 정원 가꾸기 수업이 막 끝났다. 겨울철인 지금은 주로 생태학, 곤충학을 가르친다고 한다. 정겹고 푸근한 인상의 스카이 선생은 죽 이 지역에서 살아온 전형적인 농부로 한자나 될 성싶은 긴 수염의 소유자다. 그는 봄부터 야외에서 본격적인 정원 가꾸기 수업을 할 것이라며 학생들에게 유기질비료 만드는 법도 가르칠 것이라고 했다. 학교 뒤편엔 건물 2층과 잇닿은 수백 평의 텃밭이 있었고, 그곳에서 교사와 학생들이 자연농법으로 각종 야채를 재배한다고 한다.

이곳에서 생산된 싱싱한 야채는 그들의 풍성한 양식이 되고 생산량이 넘칠 땐 이 학교가 마을에 낸 식료품 가게 ‘해피 페어’에서 판매도 한다. 텃밭 한 구석엔 도예실이 있는데, 이 작업장은 학생들 스스로가 설계하고 지었다고 한다. 그곳은 전기요 한 대와 학생들이 만든 작품들로 빼곡하다. 이 도예실을 학생들이 건축하고 당국에서 허가받는 과정에서 전문가인 건축행정가로부터 여러 가지 자문을 받을 수 있었다는 점이 흥미로웠다. 캐롤라인이 차를 한 잔 대접하겠다며 찾은 곳은 싱크대가 한쪽 구석에 자리잡고 있는 작은 방이었다.

천창으로 하늘이 보이는 밝고 아늑한 방이었다. 방 가장자리로 대여섯 개의 방석이 가지런히 놓여 있는 것이 눈길을 끌었다. 명상실로 불리어지기도 하는 이 방은 이미 한 어린 여학생이 선점하고 있었다. 무언지 골똘하게 생각에 잠겨 있다가 들어서는 우리 일행

을 보고 겸연쩍은 미소를 짓고는 슬그머니 나가버린다. 캐롤라인
은 학생들이 개인적 고민이 있거나 친구들과 다퉜을 때 이곳에서
생각을 정리한다고 귀뜸한다.

작은학교의 재정 운영은 어떻게 하느냐는 질문에 캐롤라인 교장
은 자랑스럽게 답변한다. 학교 설립 후 20년이 다 돼 가지만 교육
당국으로부터는 한 푼의 재정적 도움을 받은 적이 없다고. 학생 1
인당 수업료가 연간 2200파운드, 우리 돈으로 400만 원 정도인데,
실제 부모들로부터는 연간 600~900파운드를 받는다고 한다. 나머
지 3분의 2는 전국에서 이 학교를 도와주려는 사람들의 기부금, 자
선단체의 기금으로 충당한다고 한다. 그렇다고 이 학교가 부유한
부모들만 위한 학교는 아니다. 이 지역에서 살고 있는 이들로 자녀
들을 이 학교에 보내고 싶어 하는 모든 이들에게 문을 활짝 열어놓
고 있다. 경제적 여유가 없는 부모는 파트타임 교사를 하거나 학교
운영 기금 마련을 위한 자선회에서 노력 봉사를 통해 수업료를 벌
충하면 된다.

재정 운용, 건물 관리 등 학교 운영 전반에 대해서는 매달 한 번
씩 교사 전원과 학부모들이 모임을 갖는다. 상시적인 운영은 이사
회에서 이루어지는데, 이사들은 학부모, 교사, 주민들이 직접 선출
한다. 학교의 상시적인 운영에 대한 의사결정이 학부모와 주민들
로 구성된 이사회에서 이뤄진다는 점은 학교와 지역사회가 유기
적 관계임을 웅변하고 있었다. 무엇보다도 이사 선출에 학생들도
참여해 후보를 추천할 수 있다는 것이 신선한 충격이었다. 비록 직

접 선출할 수 있는 투표권은 없지만 학생들을 학교공동체의 구성
원으로서 충분히 존중한다는 교육적 배려일 것이다.

하트랜드에서의 하룻밤을 보내기 위해 화려하지는 않지만 깨끗
한 느낌의 앵커 인에서 여장을 풀었을 때도 지역사회와 학교가 얼
마나 긴밀하게 밀착되어 있는지를 확인할 수 있었다. 여관이 운
영하는 레스토랑에서는 일과를 마친 주민들이 모여 맥주를 마시
며 하루의 피로를 풀고 있었는데, 그날 저녁 그들의 주된 화제는
멀리서 작은학교를 찾아온 이방인들에 대한 것이었다. 그들은 저
녁식사를 하는 우리 일행에게 가벼운 목례를 하며 호감을 표시했
고, 우리는 그들의 따뜻한 표정에서 작은학교에 대한 그들의 자부
심을 읽을 수 있었다. 비록 짧은 시간이었지만 지역공동체의 중심
에 학교를 두고 어른과 아이들, 기성세대와 미래세대의 친밀하고
자연스러운 관계 형성이 작은학교의 교육 목표임을 새삼 느낄 수
있었다.

마을 전체가 학교가 되어야 한다는 사티쉬 쿠마르의 설립 이념
이 바로 이것이구나 하는 생각이 뇌리를 스쳤다. 작은학교는 지역
주민이면 누구나 아이들을 입학시킬 수 있지만, 지역에 뿌리를 내
리지 않은 가정에는 비록 거액의 기부금을 내고 작은학교의 이념
에 전적으로 찬동할지라도 입학이 허락되지 않는다. 개교 이래 깨
어지지 않은 이 아름다운 원칙은 가정과 학교가 유기적인 관계를
갖지 못할 때 교육은 무의미하다는 자각에 기초한 것이리라.

작은학교에서의 둘째 날 아침. 2층 홀에선 아침 모임이 진행되

고 있었다. 형식은 우리의 아침조회와 흡사했으나 내용은 커다란 차이가 있었다. 교사 전원과 전교생이 한자리에 모여앉아 하루 일과를 즐겁게 준비한다는 점이다. 아침 모임의 진행자인 로이 선생이 홀 가장자리에 둘러앉은 학생들에게 7개의 그룹을 만들라고 하자 아이들이 자리를 바꿔가며 조를 나눴고, 교사가 조별로 크리스마스 캐럴 제목이 적힌 쪽지를 돌렸다. 각 조가 주어진 캐럴 송을 몸짓으로 표현하면 다른 조에서 제목을 맞추는 마임게임으로 하루 일과가 시작되었다.

학생들이 자기 조에 주어진 곡을 어떻게 표현할 것인가를 의논하면서 잠시 시끌벅적하다. 어떤 조는 의자를 맞붙여 아기예수의 요람을 만들고, 다른 조는 일어나서 율동 연습을 한다. 작은학교의 아침 모임은 노래로 시작되기도 한다. 기타를 치는 교사의 주변에 학생들이 자연스럽게 모여 노래를 부르며 하루 수업을 시작한다. 얼마나 아름답고 평화로운 정경인가. 마임 게임이 끝나자 교장 캐롤라인이 수업내용에 대해서 학생들에게 알렸다.

점심시간에 촛불을 켜놓고 식사를 하면 어떻겠느냐는 제의를 하자 학생들은 마냥 좋아한다. 그리고 작은학교 2층 홀에는 잠시 침묵이 흘렀다. 교사와 학생들은 오랫동안 해온 것처럼 명상의 시간을 가졌다. 작은학교는 명상을 중시한다. 학생들이 흙을 밟고 나무 밑에 앉아 새들이 나뭇가지에 내려앉는 모습을 바라보면서 새로워지는 영혼과 마음의 평화를 배운다. 자연은 위대한 스승이라는 평범한 교훈이 교육에 그대로 녹아 실천되는 것이다.

오전 첫 수업은 불어 시간이었는데, 학생들을 두 그룹으로 나눠 수업이 진행됐다. 교장 캐롤라인이 직접 가르치는 상급 클래스에선 여섯 명의 학생이 자기 집을 불어로 묘사하고 있었다. 작은학교에서는 제2외국어로 불어와 독어 두 과목을 수업하는데 불어는 주 4일, 독어는 주 1일을 할애하고 있다.

10시가 조금 지나자 오늘의 식사당번인 루시와 우디가 수업 중에 식당으로 내려간다. 수 선생과 루시는 점심 메뉴인 빵과 감자 수프를 만들고, 우디는 양파를 사기 위해 장보기에 나선다. 우디가 돌아오자 다시 루시에게 장보기 과제가 맡겨졌다. 장보기도 하나의 교육이란 점에 착안한 수 선생의 배려일 것이다. 아이들은 음식을 만들고 장보기를 하면서 자연스럽게 가사의 소중함과 경제생활을 배운다.

점심을 먹고 가라는 캐롤라인의 각별한 마음씀을 뒤로한 채 우리 일행은 작은학교와 작별했다. 우리가 떠난 얼마 뒤 그곳에는 세상을 향해 찬란하게 빛을 발하는 촛불이 켜진 식탁에서 교사와 아이들이 정겹게 검소하지만 신선한 식사를 할 것이다. 런던으로 돌아오는 길엔 비가 억수같이 쏟아지고 있었다. 차창 밖으로 낮은 구릉이 빗발 속에 잠겨 있었다.

"교사가 아이들에게 가르치려고만 든다면 아이들은 아무것도 배울 수가 없을 것이다"라는 캐롤라인의 말이 대지를 파고드는 빗발처럼 가슴에 젖어들었다. 아이들과 교사가 서로 가르치며 배운다는 사실에 대한 자각, 아이들을 통해 교사가 스스로 발견하고 그 결과를 함께 나눈다는 것이 작은학교가 오랜 시간을 통해 체득한 귀중한 경험이다. "아이들은 작은 도토리 열매와 같다. 아무도 가르쳐주지 않지만 도토리 안에는 수백 년 동안 울창하게 자라날 참나무에 대한 정보를 저장하고 있다"는 사티쉬 쿠마르의 역설을 다시 한 번 되새겨 본다. 한 사람의 인격체로서 아이들도 어른의 스승이 될 수 있음을 우리는 간과하고 있지는 않았는지……

온통 시멘트로 점철된 회색빛 교실에서 치열한 경쟁으로 생기를 잃어가는 우리 아이들, 오로지 경쟁력 있는 인간을 강요하는 이 땅의 교육 현실에 상처받은 우리 아이들이 안타깝다는 생각이 순간순간 가슴을 치는 여정이었다.

17. 교과서도 시험도 없이
온전한 자아의 실현

● **독일 자유발도로프학교**

프라이부르크 시의 옛 도심에 위치한 자유발도로프학교를 찾은
날은 마침 어린이들의 가슴을 설레게 하는 독일판 산타클로스 '니
콜라우스'가 오는 날이었다. 아직 어둠이 채 가시지 않은 교정에는
학교 가장자리를 감싸듯 흐르는 맑은 시냇물과 수백 년은 족히 됐
을 법한 이끼 긴 아름드리나무들이 청량한 겨울 아침을 연출하고
있었다. 본관 3층에 있는 10여 평 남짓한 방엔 길쭉한 탁자를 5각
형으로 연결한 게 전부였다. 교사들은 서로 마주보고 앉아 차를 마
시면서 하루 일과를 준비하고 있었다.

따뜻한 커피를 한 잔씩 얻어 마신 필자 일행은 안내를 맡은 영어
담당 딤미히 선생을 따라 3학년 교실을 찾았다. 교실로 향하면서
그녀는 니콜라우스가 아이들을 찾아올 때까지 사진 촬영을 자제
해 줄 것을 부탁했다. 아마 선물을 들고 나타날 니콜라우스를 기다
리는 아이들의 신비감에 대한 방해를 염려한 것이다. 꼬불거리는
복도를 따라 1층에 위치한 3학년 교실을 찾으니 키가 크고 선량한
인상의 30대 초반의 케를레 선생이 우리를 맞았고, 어린이들의 호

기심 어린 눈길이 우리에게 일제히 쏟아졌다. 니콜라우스를 맞이하기 위해 켜놓은 두 개의 촛불과 크리스마스트리, 창틀과 천장에 매달린 장식들이 한눈에 들어오는 교실 안은 포근한 정적이 감돌고 있었다.

가장 먼저 눈길을 잡은 것은 교실이 사각형이 아니라 원형에 가까운 팔각형이란 사실이었다. 뒤에 확인한 바로는 발도로프학교는 교실의 모양과 크기, 조명빛깔과 벽의 색깔까지도 아이들의 심리 발달단계를 고려한다고 한다. 아울러 학교건물도 철저하게 지역의 자연환경에 맞추어 짓고, 가급적 곡선을 많이 도입한 설계를 해 학생들의 심성에 좋은 영향을 미칠 수 있게 한다고 한다.

탁자 위에 촛불이 교실을 밝히고 있었고 케를레 선생의 나지막한 목소리가 아이들에게 속삭이듯 수업을 이끌고 있었다. 하루 수업을 시작하는 아이들의 표정은 평화롭고 맑았다. 아이들은 경쾌한 목소리로 크리스마스캐럴을 불렀고, 사이사이 니콜라우스의 날과 관계되는 기도문을 암송했다. 그러는 동안 교실 문이 열렸고 아이들의 눈길이 일제히 그쪽으로 쏠렸다. 주교 복장을 한 니콜라우스가 아이들에게 미소를 듬뿍 머금고 인사를 했고, 그의 시자(侍者)가 아이들에게 선물 꾸러미를 전달하고 사라졌다.

교실에 다시 조명이 들어오고, 니콜라우스를 맞은 기쁨과 낯선 방문객들로 인해 약간은 들뜬 가운데 수업이 시작되었다. 케를레 선생은 월요일에 태어난 아이들을 불러내어 친구들 앞에서 장래 희망을 발표하게 했다. 옆자리에 앉아 친절하게 수업 내용을 설명하던 딤미히 선생은 "3학년 아이들은 매일 첫 수업시간에 요일별 생일에 맞춰 좌우명, 장래희망 등을 발표하는데, 이는 아이들에게 자기 삶에 대해 성찰할 수 있는 기회를 주고 대중 앞에서의 발표력을 키우는 효과가 있다"고 설명한다. 모두 6명의 아이들이 자신의 장래희망을 발표했다. 훌륭한 기술자가 되겠다는 꿈을 가진 아이는 손의 귀중함을 읊은 시를 낭송하였고, 성악가가 꿈인 여자아이는 아름다운 노래를 찬양한 괴테의 서정시를 외웠다. 농사꾼이 꿈인 아이는 전원의 아름다움을 노래했다.

3학년 교실에 이어 찾은 곳은 12학년 예술사수업이었다. 학자풍의 부르크하트 선생이 회화, 조각, 음악, 연극 등 타 장르와 비교해서 건축이 갖는 예술적 가치와 생활 속에서의 의미를 학생들과 토론하고 있었다. 이 학급 역시 수업 시작 전에 학생들이 노발리스의 시를 운율에 맞춰 암송했다. 수염이 거뭇거뭇한 덩치 큰 녀석들이 중저음으로 낭송하는 독일 초기 낭만파의 대표적 시인 노발리스의 시는 색다른 감동을 불러 일으켰다. 우리는 연이어 1학년과 5학년의 불어수업 시간을 둘러봤다. 1학년 불어수업은 처음부터 끝까지 노래와 율동으로 진행되었다. 교사 두 명의 지도로 아이들은 손뼉을 치고 발을 구르며 숫자 헤기, 색깔 배우기 등과 관련된 프랑스 동요를 불렀다. 리듬을 중시하는 발도로프 학교의 교육 방법을 엿볼 수 있었다.

몇 개 학급의 수업을 둘러보면서 우리는 교사와 학생들이 교과서 없이 수업을 진행한다는 사실을 발견할 수 있었다. 수업참관이 끝난 오후에 이 학교 교사들과 자연스럽게 대화할 수 있었다. 45년 간 이 학교에서 근무한 터줏대감 가이너 선생은 "교과서는 획일적 교육을 유발시키는 부작용과 더불어 교사를 게으르게 할 수 있다"며 "우리 학교는 교사가 몸으로 때워야 한다"고 너스레를 떤다. 교재 내용은 학생들의 자율성을 존중, 학생들과 교사들이 토론을 통해서 정한다. 따라서 커리큘럼의 범위는 아주 넓다. 가령 12학년의 예술사수업은 이번 학기에는 예술통론을 하고 있지만, 학생들의 요구에 따라 괴테와 쉴러, 브레히트 등의 작품으로 한 학기를 연극수업으로 진행하는 경우도 있다고 한다.

발도로프학교는 교과서가 없듯이 시험도 없고 유급도 없다. 강요받지 않고 스스로 깨달아가면서 배우는 학교. 교사는 보조자의 역할을 하면서 아이들 스스로 자아를 발견하고 심성을 계발할 수 있게 돕는다. 발도로프학교는 이러한 교육목표를 달성하기 위해 한 교사가 1학년에서 8학년까지 같은 아이들의 담임을 맡는다. 8년이란 긴 시간 동안 아이들을 관찰하면서 개개인의 성격이나 욕구에 대해서 살펴볼 수 있는 기회를 갖고, 거기에 기초해서 아이들을 효율적으로 지도할 수 있다고 한다.

발도로프학교는 자연과학적 사고법과 정신적 직관을 중시한 독일의 철학자 루돌프 슈타이너의 인지학적 교육관을 바탕으로 학생 개개인의 내적 생명력과 자발성을 존중하는 교육방법론을 채택하고 있다. 최초의 발도로프 학교는 1차세계대전 직후 격동하는 사회, 경제적 상황 속에서 만들어졌다. 당시 슈투트가르트의 담배

공장 발도로프-아스토리아의 사장이자 소유주였던 에이볼트가 열악한 교육환경에 처해 있던 노동자 자녀를 위한 교육기관을 사내에 만들었고, 자녀들에 대한 질 좋은 교육의 필요성을 절감한 노동자들의 요청으로 1919년 8개 학년 학생 256명, 교사 12명 규모의 학교를 출범시켰다.

슈타이너는 인간을 본래적으로 가진 존엄성에 의해 스스로 변화 성장하는 존재로 해석하고 자발성을 통한 자아실현을 교육의 지상목표로 삼았다. 그는 인간의 발전 단계를 육체적 탄생으로 행위를 통해 사고하고 모방하는 단계(0~7세). 그림을 통해 생각하고 느끼는 단계(7~14세), 비로소 지성적인 사고를 통한 진정한 자아를 발견하는 단계(14~21세)로 나누고 그에 따른 단계별 교육 방법을 주장한다. 따라서 발도로프학교에서는 학생들의 심리발달 수준에 맞춰 건강한 몸을 가꿔 꿋꿋한 의지를 심어주고, 다양한 예술 활동으로 풍부한 감성을 길러주고, 깊은 생각을 할 수 있게 이끌어 올바른 가치 판단력을 갖추게 하는 단계적 학습 방법을 적용하고 있다.

발도로프에서는 리듬을 특히 중요시하는데 '훌륭한 교사는 훌륭한 연주자'라고 표현한 데서도 살펴볼 수 있다. 리듬을 통해 인간은 내재해 있는 영혼의 자유를 발산하고 이때 느끼는 동작 감각을 통해 영적인 세계로 스며드는 자유스런 영혼을 구가할 수 있다는 것이다. 앞서 소개했던 1학년과 5학년의 불어수업, 12학년의 예술사수업에서의 노래와 율동, 시 암송 등에서 리듬의 중요성을 확인할 수 있었다. 이러한 교육 방법은 유치원과 1학년 수업에서 보여주기보다는 들려주기에 초점을 맞춰, 스토리에 꿰맞춰진 그림책 등을 피하고 동화구연을 통해서 아이들의 상상력을 발동시킨다.

프라이부르크 발도로프학교 현관에는 12학년 학생들의 만든 30여 개의' 조소 두상이 진열되어 있는데, 하나하나 개성적인 표정을 담고 있다. 안내하던 딤미히 선생은 "학생들의 작품을 통해 교사는 학생 개개인의 상황이나 내면적 염원 등을 발견할 수 있다"고 말했다. 발도로프학교는 기본 교과와 더불어 실과교육을 중시함으로써 학생들의 균형 있는 인성 가꾸기를 도모하고 있다. 실과교육을 통해 3학년까지의 놀이 중심의 교육에서 자연스럽게 일 중심의 교육으로 옮겨 가게끔 한다.

발도로프학교에서는 공예와 정원 가꾸기 등 실과수업을 4학년부터 일주일에 6시간씩 배정하고 있다. 6학년까지는 주로 수공예로 뜨개질 가방 만들기 등을 하고 9학년에 올라가면 옷을 재단하고 마름질하는 방법을 익히고 10학년 때에는 옷감 짜기를 배운다. 5학년부터 시작하는 목공예수업은 7학년에는 나무 홈 파기를 배우면서 나무의 결에 대한 경험을 한다. 9학년 때는 대패질 못질하기를 배워 실제로 의자와 작은 목제소품을 만들기도 한다.

심리적으로 복잡한 사춘기인 9~12학년에는 석공예를 배우는데. 치밀한 주의력과 인내가 필요한 작업과정을 통해 스스로의 심성을 다스리는 부수적인 교육효과도 얻는다. 정원 가꾸기 수업은 노작교육에 무게를 두고 있다. 실제로 학교에서 조금 떨어진 농장에서 유기농법으로 농사를 짓고, 그곳에서 생산된 신선한 농작물은

학교의 급식에 사용된다. 자연은 가장 훌륭한 스승이라는 노교사 가이너는 "아이들이 몸소 농사짓기를 하면서 생태순환의 이치와 자연과 인간의 공생 관계임을 깨닫는 기회를 갖는다"며 노동을 체험하는 교육의 중요성을 강조한다.

발도로프에는 교과서와 시험이 없듯이 교장선생도 없다. 학교의 모든 의사결정은 일주일에 4~5시간씩 주어진 전체교사회의에서 이뤄진다. 교사회의는 학교의 전반적 운영에 대한 결정뿐만 아니라 슈타이너 교육이념에 대한 공부, 수업현장에서의 경험을 나누고 학생지도에 있어서 심리적, 기술적 문제들을 서로 보완하는 기회를 갖는다. 통상적인 학사운영은 3~4명으로 구성된 별도의 교사회의에서 꾸려나간다. 민주적 학교운영체계와 더불어 눈길을 끈 것은 교사들의 보수체계다. 연공에 따른 보수가 아니라 교사의 부양가족 수에 따라 월급봉투의 두께가 결정된다. 45년간 봉직한 가이너 선생이나 몇 년 되지 않은 3학년 담임 케를레 선생의 월급이 별 차이가 없다는 사실은 신선한 충격이었다.

프라이부르크 자유발도로프 학교는 2차세계대전이 끝난 해인 1945년 나치즘에 반대하던 이 지역의 인간학파에 의해 설립되었고, 1학년에서 13학년까지 한 학년에 30~40명씩 전교생이 500여 명에 교사가 40명이다. 수업은 8시에서 10시까지 본수업을, 나머지는 불어, 영어 등 외국어와 공예, 체육, 정원 가꾸기, 음악 등으로 진행된다.

슈타이너의 교육이론은 지난 세기에 이어 새 세기에도 여전히

유효하다. 문명에 속박된 현대사회에서는 더욱 더 그 가치가 빛을
발한다. 개인 중심의 폐쇄적이고 이기적인 삶이 극대화된 인간 교
육 부재의 시대에 우주적 인식을 바탕으로 한 새로운 사회상과 인
간상을 도모하는 발도로프 교육방식은 우리에게도 시사하는 바가
크다. 현재 유럽 각국과 미국 일본 등 전 세계적으로 700여 개에
달하는 발도로프학교는 정보화와 세계화라는 허울 아래 개개인의
경쟁력 키우기에만 급급한 채 인성교육을 포기한 신자유주의적
교육에 맞서 인간의 영성을 일깨우는 살아 숨 쉬는 교육을 실천하
고 있다.

18. 패전의 상처 위에 싹 틔운
생태순환의 삶터

● 독일 생태주거단지 보봉

프라이부르크 생태주거단지 보봉을 방문하면서 칼라와 조우한 것은 행운이었다. 그녀는 지난 1996년 9월부터 3개월간 분트와 환경운동연합의 교환 프로그램으로 석 달 간 한국을 방문, 부산에서도 5주간 머문 적이 있다. 그녀는 당시 위천공단을 둘러싼 경제발전과 환경보호 논리 사이의 갈등과 분쟁을 조사하면서 위천공단 건설 반대 캠페인에 참여하기도 했었다. 여전히 분트 활동가로 활약하고 있는 그녀는 마침 포럼보봉의 회원으로 '자동차 없는 주거, 에너지 절약 주택'과 관련한 프로그램을 수행하고 있었다.

안내를 자청한 칼라와 함께 보봉을 찾은 건 일요일 오후 3시. 짧은 겨울해가 아쉬운 듯 어둑해지기 시작한 시간임에도 아이들은 잔디 위에서 공을 차거나 흙놀이에 열중하고 있었다. 주민회관 2층 홀에선 어른과 어린이 10여 명이 연말에 열릴 주민축제에서 공연할 자연과 인간의 친화를 주제로 한 연극 연습에 몰두하고 있었다. 자연과 이웃과의 교감을 최선의 미덕으로 삼고 있는 열린 삶터, 생태마을 보봉은 예상대로 사람 사는 냄새가 물씬 풍겼다.

　프라이부르크 도심에서 약 3km 떨어진 보봉은 문명에 찌든 삶에 활력을 불어넣고 자연과 친화하는 삶의 모습을 보여주었다. 마을 안 곳곳에 주민들이 함께 할 수 있는 공간들, 어린이들이 마음껏 흙을 밟으며 자연을 느낄 수 있는 놀이터와 공원들, 그리고 훼손되지 않은 채 완벽한 생태순환 체계를 갖춘 호수와 하천, 숲이 인상적이었다. 11만여 평 규모의 이곳 생태마을은 지난세기 인류가 물질문명의 발달에 힘입어 편리와 안락을 누리면서 간과했던 환경 파괴와 무차별적인 개발에 대한 반성에서 출발한 자연과 인간의 조화로운 삶을 회복하기 위한 실험장이자 모델이었다.

　'낡은 병영에서 새로운 삶의 공간으로'라는 구호를 내걸고 녹색삶의 터전을 구축한 이곳은 1차세계대전 당시인 지난 1932년부터 독일군의 병영이었고, 전후에는 1992년 연합군이 철수하기까지 프랑스군의 주둔지였다. 무엇이 인간의 삶과 생태계를 황폐화시키는 전쟁의 냄새가 가득했던 병영을 녹색삶의 공간으로 탈바꿈시켰을까. 동행한 칼라는 "생태주거단지 보봉은 그 결과뿐만 아니라 추진 과정에 나타났던 성숙된 주민자치와 환경운동의 절묘한 결합이 갖는 의미가 더 중요하다"며 궁금증을 깨우쳐준다.

　생태마을 보봉는 지난 1995년 프라이부르크 건설담당 부시장이었던 웅게른 스테른버그가 개최했던 연합군 철군지역의 활용방안에 대한 여론수렴을 위한 공청회가 모태가 되었다. 당시 주거 문제에 대해 심각한 고민을 하고 있던 지역 환경운동가들이 대거 참석해 생태마을 건립의 필요성을 역설했다. 그 결과 그들의 제안이 낡은 병영의 활용방안으로 채택되었고, 그해 5월 시정부로부터 4만 마르크의 재정지원을 받으면서 생태마을 건설을 위한 시민자치 모임인 포럼보봉이 출범했다.

초창기부터 적극적으로 참여 생태마을 건설의 주역이 되었던 30여 명의 시민들은 교통, 에너지, 주민공동시설, 주거환경 등 주제별로 소모임을 만들어 매주 토론을 벌였다. 이들은 토론과정을 통해 주거단지 내에 독자적 생태순환 고리의 구축과 에너지 사용의 최소화를 마을 만들기의 기본목표로 삼았다. 주 에너지원을 태양열로 채택하고, 자동차로 인한 대기오염 배출을 줄이고, 쓰레기 발생량과 물 소비량을 최소화하고, 생태순환의 고리를 끊는 콘크리트를 사용하지 않는다는 원칙을 세웠다. 또 자연친화적인 주거공간 건설의 중요성만큼 인간과 인간의 사회적 관계, 즉 이웃과의 친화를 중시해 개인의 소요공간을 줄이는 대신 공공공간을 최대한 넓히기로 했다.

계획이 진척되면서 1995년 말부터 전문가들을 영입해 본격적 프로젝트를 마련했고, 5개월간 진행된 이 프로젝트는 시민들이 제시한 각종 아이디어에 대해 조언하고 검증해 주는 역할을 했다. 가령 물 소비를 극소화하기 위해 상하수도 시스템을 효율적으로 구축할 수 있는 방법은 어떤 것이 있는지, 실내에 흡수된 태양열을 보존하기 위한 방법은 무엇인지, 어린이들을 위한 모험공원을 어떻게 만들 것인지에 대해 건축가, 법률전문가, 물처리전문가 등을 통해 구체적인 조언을 받았다. 주민들이 이 과정에서 얻은 결과물

은 시정부의 행정전문가나 시의회의 정치가들을 설득시키는 중요
한 토대가 되었음은 두말할 나위 없다.

포럼보봉의 라우렌츠 헤르만 회장은 "주민들이 직접 참여한 추
진과정을 통해 생태마을 건설의 노하우를 얻었고, 무엇보다도 프
라이부르크 시민 전체가 생태마을 건설의 필요성에 대한 인식을
높이는 계기가 되었다는 것이 가장 큰 성과물이었다"고 말한다.
이 프로젝트는 이듬해인 프라이부르크 시 환경대상을 수상하면서
전국적으로 알려졌고, 그에 힘입어 건설부에서 수행하는 15개 프
로젝트 중 하나로 선정되어 연방정부 차원의 지원을 끌어낼 수 있
었다고 한다. 2006년까지 2000세대의 주거단지 건립과 600여 개
의 일자리 창출을 목표로 하는 보봉 생태주거단지는 현재 전체 공
정의 3분의 1이 진척되어, 428세대 1000여 명의 주민이 입주하고
있다.

생태마을 만들기 프로젝트에서 무엇보다 눈길을 끈 것은 '자동
차 없는 주거지역'이란 점이다. 비록 자가용으로부터 완전한 해방
이란 원래의 목표는 여러 가지 문제에 봉착하면서 승용차의 최소
화로 방향전환이 되었지만 충격적이고 신선한 발상이었다. 앞으로
구체적으로 언급하겠지만, 주민들의 승용차와 결별하겠다는 의지
는 단지 내의 주차대수를 350대로 엄격히 제한했고, 외곽에 주차
장을 만들어 집까지 걸어들어 가도록 했다. 아울러 대중교통수단
인 버스노선이 단지를 관통케 함으로써 대중교통수단을 이용하는
주민들에게 더욱 편리한 교통체계를 마련했다.

살맛나는 삶의 공간 보봉은 손쉽게 얻어진 것은 아니다. 과잉소비보다 절제를 택한 주민들의 주거환경에 대한 인식 전환과 주민 중심의 지방자치가 일궈낸 성과물이다. 좁은 개인공간을 감수하면서 열린 삶을 지향하는 이들의 친환경적인 인식은 널찍한 응접실과 으리으리한 가구들, 한겨울에도 러닝셔츠 차림으로 생활할 수 있는 과도한 에너지 소비가 미덕이자 안락한 삶으로 치부되는 빗나간 우리의 주거욕구에 대한 날카로운 질책에 다름 아니었다.

친환경적인 주택단지 건설을 위해서는 주민들의 주거에 대한 인식의 전환이 무엇보다 중요하다. 보봉 생태주거지역의 에너지 절감과 열린 공간의 최대화라는 건축 기조는 우리의 주거문화에 비추어 시사하는 바가 매우 크다. 우리의 주거현실은 하늘을 찌르는 고층아파트, 온통 시멘트로 덧칠한 지표면, 생태순환의 고리를 파괴하면서 진행되는 무지막지한 개발 등으로 특징지을 수 있다.

최근 들어 전원주택이니 친환경적인 아파트니 하지만 실제 그 이면을 한 꺼풀만 들춰보면 빗나간 주거 욕구가 도사리고 있음을 어렵잖게 확인할 수 있다. '친환경'이라는 미명 아래 자연을 훼손하는 어처구니없는 주거에 대한 욕구는 민통선 안의 생태계를 파괴하면서까지 전원주택을 짓는 일부 부유층의 과시욕과 지표면만 조경한 채 지하는 거대한 시멘트 구조물인 주차장을 그대로 둔 눈가림식 녹색아파트 등에서 확인할 수 있다.

외부의 협소하고 살벌한 풍경으로부터 보상받기라도 하듯이 개인적 공간 확보에만 치중하는 우리의 주거에 대한 태도는 폐쇄적 삶을 유발해 공동체를 저해하고, 에너지 소비의 불평등을 초래한다. 부유층은 부담없는 비용으로 에너지를 맘껏 사용할 수 있는 데 비해 가난한 동네의 경우 연료비를 걱정해야 한다. 이는 유한한 인류 공용의 자원일 뿐만 아니라 후손들도 공유해야 할 자연자원에 대한 공공의식의 결여에 다름 아니다. 보봉 생태주거단지에서의 에너지 사용이 경제적 능력에 따라 좌우되는 게 아니라 유한한 자원에 대한 개인적 욕망의 자제, 환경을 지키려는 의지에서 출발하고 있다는 점을 확인할 수 있었다.

보봉 생태주거단지에서 보여준 환경친화적 주거지역 건설은 뒤셀도르프 하노버 등 독일 각 도시에서 1990년대 중반부터 본격적으로 진행되고 있는데, 그들이 일차적으로 선택한 정책은 기존의 화석연료에서 탈피한 태양열, 소수력, 풍력 등 대안적 에너지의 활용이다. 실제 프라이부르크에서 태양열 활용은 상당히 진척되고 있었는데, 주거단지뿐만 아니라 몇몇 생산시설에도 태양열 에너지를 사용하고 있었다. 40여 곳의 모범 사례 중에는 유서 깊은 귄터 맥주회사와 바덴신문사 등도 포함되어 있었다. 프라이부르크 시의 태양열 사용 정책은 주거시설에 대한 에너지 충당비율을 50%까지 끌어올렸고, 그 결과 올 가을에 열리는 하노버엑스포에 '태양열 지역 프라이부르크'란 주제로 참여한다고 한다.

보봉지구의 1차구역 428세대 중 의욕적으로 진행되고 있는 40여 세대의 '패시브 주택(수동적 주택)'은 에너지 전량을 태양열을 채택함과 동시에 최신 건축기법을 동원해 에너지 절감을 최대화하고 있다. 독일 일반주택에서 사용되는 에너지 사용량의 4분의 1 수준으로 낮춘 연간 평방미터당 15KW를 사용하는 것을 목표로 하고 있다. 건물 전면을 남향으로 해 햇빛을 받아들일 수 있는 창을 최대한 넓히고, 대신 건물 북쪽은 단열효과를 높이기 위해 나무로 외벽처리를 하고 외부와 통하는 창문을 최대한 줄였다. 특히 특수유리를 사용해서 열을 흡수하지만 방출이 되지 않게 하고, 건물 내부는 헤어드라이기와 같은 공기 대류작용의 원리를 이용해 따뜻하게 데워진 공기가 실내에 오랫동안 정체되게 했다.

이 주택은 또 물 사용을 최소화하고 중수도 개념을 도입하고 있다. 가능한 한 하수를 배출하지 않는 생활방식을 채택하여 먹는 물, 중수, 더러운 물로 물 사용의 개념을 나누고, 중수도를 활용 허드렛물을 재활용하고 있다. 특히 물 소비량이 가장 많은 수세식 화장실을 항공기에서 사용하는 진공상태를 활용한 시스템을 도입함으로써 물 사용량을 극소화하고 있다. 특히 특수정화조를 사용, 바이오가스를 채집해 부엌에서 사용할 수 있게 하고 찌꺼기는 발효시켜 유기질비료를 만드는 시스템은 눈길을 끌었다.

아울러 보봉 주거단지는 완벽한 물순환 체계를 구축하기 위해 최선을 다하고 있는데, 지표면에 잔디를 심거나 나무껍질 자갈을 깔아 물이 충분이 지하로 스며들게 하고 있다. 지표면을 시멘트나 아스팔트로 처리할 경우 빗물이 그대로 하천으로 흘러들어 물순환 체계가 훼손된다. 지하수위가 낮아지고 지상의 하천은 건천화되고 사막화되는 현상을 불러온다. 최근 들어 여름철 도시지역의 홍수 같은 경우도 논이나 숲 대신 아스팔트로 인한 물의 저장 기능과 유속감속 기능을 상실한 결과로 볼 수 있다.

포럼보봉은 독일 최초로 차 없는 주거단지 실현을 꿈꿨으나 독일 건축법의 방해로 목적을 달성하지는 못했다. 주택에는 반드시 주차공간을 확보하는 것이 의무화된 법규에 제약받았고, 외부에서 들어오는 차량에 대한 주차 문제가 모호해짐으로써 '차 없는 주거'에서 '자동차를 최소화'하는 방향으로 수정되었다. 그러나 대원칙인 차를 갖지 않는 사람이 더욱 편리한 교통체계를 만드는 것은 유효했다. 그래서 주차장을 주택단지 가장 바깥으로 배치해 자동차와 삶을 적정한 선에서 분리했고, 승용차 소유자는 3만 마르크라는 고액의 비용을 부담케 했다. 그리고 시 당국과 포럼보봉은 건축법을 위반하지 않는 범위 안에서 예외규정을 만들었다. 주차장 예비공간의 확보를 통해 건축법상 의무화된 주차장을 대신하는 것이었다. 이를 위해서 차량 무소유자는 1인당 7000마르크를 부담케 하고, 해마다 한 번씩 차량 무소유 증명하기만 하면 되었다.

단순한 주거뿐만 아니라 건설이 완료될 때는 600여 개의 일자리를 창출해 생산과 소비를 함께하는 공동체를 꿈꾸는 보봉 생태주거지구를 돌아보면서, 우리의 회색빛 주거 현실에 대한 안타까움을 떨칠 수 없었다. 아이들이 맘껏 뛰어놀 수 있는 한 뼘의 공간조차 확보하지 못한 채 개인의 폐쇄적 공간을 넓히는 데만 급급한 우리의 주거에 대한 빗나간 욕망은 언제쯤 고쳐질 수 있을까.